EU법 입문

The ABC of European Union law

EU법 입문

The ABC of European Union law

클라우스-디터 보카르트 저 | 함 인 선 역

Chonnam National University PRESS

독자에 대한 당부

유럽법 입문은 리스본조약에 의해 유럽조약들에 가하여진 수정을 고려하였다. 직접적인 인용이 없거나 역사적인 텍스트가 요구되는 것이 아니라면, 본서에서 인용된 조문들은 전적으로 유럽조약 증보판(2010년 3월 30일의 유럽연합공보 C 83)을 참조하였다. 본서에서 제공된 정보는 2010년 3월 현재를 기준으로 한다.

역자서문

EU는 경제규모(명목GDP 등)나 인구 규모 등에서 미국을 능가하고 있으며, 우리나라와의 무역거래에서도 우리나라와 미국과의 그것을 뛰어넘고 있다. 이처럼, EU는 세계질서 속에서도, 그리고 우리나라와의 관계에 있어서도 대단히 중요한 존재인 것이다. 그러나, EU에 대한 일반의 관심도는 반드시 그 존재감에 상응한다고 하기 어렵다. 무엇보다 역자 자신도 그러한 사람들 가운데에 속하였다. EU란 다수의 국제조직의 하나로만 인식하고 있었으며, EU보다는 유럽의 개별국가에 상대적으로 더 많은 관심을 가지고 있었다. 그런데, 현재 유럽의 실정은 어떠한가? 비록 2004년의 '유럽헌법제정조약'의 성립에는 실패하였지만, 2009년 리스본조약의 발효로 인해 통일유럽의 추구는 계속되고 있다. 현재 EU의 기능과 지위는 단순한 국제조직의 하나라고 하기 보다는 '연합국가'로서의 그것에 접근하고 있다고 할 수 있다. EU의 통일유럽의 노선이 계속해서 추구되는 한, 연합국가로서의 완성도는 높아질 것이고, 그에 따라서 세계질서 속에서의 EU의 비중도 더욱 더 커지지 않을 수 없을 것이다.

개인적인 얘기가 되지만, 역자는 현대정보화현상에 관심을 가지고 있으며, 그 하나로서 개인정보와 관련된 문제를 연구하게 되었다. 그러한 가운데, EU의 2012년 일반정보보호규칙안에 관심이 미치게 되었으며, 그에 관한 일련의 연구를 발표한 바 있다. 이러한 연구과정에서 EU법체계에 대한 이해와 EU 자체에 대한 관심이 높아지게 되었다. 특히 역자는 EU법체계에 대한 이해에 있어서 본서의 도움을 크게 받았다. 저자는 그 경력에서 알 수 있듯이 실무와 이론의 양면에서 EU법에 대한 깊은 이해를 바탕으로 하여, 복잡한 EU법체계를 콤팩트하고 요령 좋게 기술하고 있다. 이에, 역자는 EU법에 대한 이해와 관심을 보다 폭넓게 공유하기 위하여 본서를 번역하여 출판하기로 결심하였다. 다만, 원저서가 2010년 3월 현재를 기준으로 하고 있기 때문에 그 내용이나 수치 등에서 현재의 상황을 적절하게 반영하지 못한 점이 있다. 이에 대해서는 역자가 기술적인 수치나 내용에 대해 2014년 2월 현재를 기준으로 대체하였거나 역자주를 붙여서 설명하였다. 따라서, 본서는 2014년 최신서라고 해도 크게 틀리지 않을 것이다.

외국서적을 처음 번역해보는 역자로서는 능력을 넘는 의욕이 아닌가 걱정되지만, 현재 상황에서 가능한 최선의 노력을 기울이고자 하였다. 역자가 의도하지 않은 번역상의 잘못을 감안한다고 하더라도, 본서는 독자들을 보다 폭넓은 EU법의 이해에로 인도할 것으로 믿는다.

본서의 출판에 있어서는 전남대학교 학술도서출판 지원을 받았다. 전남대학교의 이러한 지원제도가 연구성과의 공유에 커다란 기여를 함은 물론이다. 또한, 본서의 번역과 관련하여 EU출판국의 Daniela Paar씨의 도움이 컸음을 밝히며, 여기에 적어 감사의 뜻을 전한다.

2014년 2월　개강을 눈앞에 두고

함 인선

서문

유럽연합(EU)에 의해 창설된 법질서는 이미 우리들의 정치생활과 사회의 구성요소로서 정착되었다. 매년, EU 회원국들과 그들 시민의 생활에 중대한 영향을 미치는 수천 개의 결정들이 연합조약들에 근거하여 이루어지고 있다. 개인들은 오래 전부터 자기의 국가, 도시 또는 지역의 시민일 뿐만 아니라, 또한 연합시민이기도 한다. 이러한 이유만으로도 개인들은 자기의 일상생활에 영향을 미치는 법질서에 대한 정보를 제공받아야 한다는 것이 대단히 중요하다. 그러나, 연합의 조직과 법질서가 대단히 복잡하게 되어 있기 때문에, 그것들을 이해하기란 쉬운 일이 아니다. 이는 부분적으로 조약의 조문들이 종종 다소 애매모호하게 규정되어 있어서 그 의미를 이해하기가 쉽지 않은 탓이기도 한다. 게다가 우리는 조약들이 규율하고자 하는 상황들과 관련된 다수의 개념들을 잘 알지 못한다. 이하에서는 연합의 조직과 유럽법질서의 지주를 알기 쉽게 기술하여, EU시민들이 그것들에 대해 이해가 부족한 점을 완화시키는 데 도움이 되고자 한다.

목차

1948. 5. 7, 헤이그.
윈스턴 처칠이 유럽회의에서 따뜻한 환영을 받고 있다.
전 영국수상이며 당시의 야당지도자가 유럽회의 개회식을 주재하였다.
1946년 9월 19일, 처칠은 취리히 연설에서 유럽의 단결을 호소하였었다.

제1장 파리에서 리스본까지
-로마, 마스트리히트, 암스테르담과 니스를 경유하여-

제2차 세계대전 종전 직후까지도 우리의 국가개념과 정치생활은 거의 전적으로 국가의 헌법 및 법률에 기초하여 전개되었다. 이러한 기초에 입각하여, 민주국가의 시민과 정당뿐만 아니라 국가 및 그 기관들에 대해 구속력있는 행위규범들이 제정되었다. 유럽이 완전히 붕괴되어 정치적·경제적으로 쇠퇴함으로써 새로운 시작을 위한 조건이 조성되고, 새로운 유럽질서라는 개념의 형성에 신선한 동력을 제공하였다.

전반적으로 살펴볼 때, 제2차 세계대전 이후 유럽 통일의 과정에서 다 파악하기 힘들 정도의 다수의 복잡한 기구들이 혼란스럽게 창설되었다. 예를 들면, OECD(경제협력개발기구), WEU(서유럽연합), NATO(북대서양조약기구), 유럽평의회(Council of Europe)와 유럽연합이 상호 현실적인 관계없이 공존한다. 이들 다양한 기구들의 회원국 숫자는 적게는 10개국(WEU)에서 많게는 47개국(유럽평의회)에 걸쳐 있다.

이들 다양한 기구들의 구체적 목적을 살펴보면 논리적으로 구성되었음을 이해하게 된다. 이들 기구는 세 그룹으로 나누어 볼 수 있다.

제1절 첫 번째 그룹 : 유럽-대서양 기구들

유럽-대서양 기구들은 제2차 세계대전 이후 미국과 유럽 사이의 동맹의 결과 생겨났다. 전후기간의 최초의 유럽기구인 OEEC(유럽경제협력기구)가 미국의 주도로 1948년에 창설된 것도 결코 우연한 일이 아니었다. 당시 미국 국무장관인 조지 마샬은 1947년에 유럽국가들의 경제 재건을 위하여 힘을 모을 것을 호소하고, 미국의 원조를 약속하였다. 이것이 마샬플랜이라는 형태로 나타났으며, 마샬플랜에 의하여 서유럽은 급속히 재건할 수 있는 토대를 마련하였다. 초기에는 OEEC의 주된 목적이 유럽국가 간의 무역을 자유롭게 하는 것이었다. 1960년에 미국과 캐나다가 회원국이 되었으며, 개발원조에 의해 제3세계의 경제발전을 촉진한다고 하는 목적이 추가되었다. 그래서 OEEC가 OECD로 되었다.

1949년에 NATO가 미국과 캐나다의 군사동맹으로 설립되었다. 1954년에 서유럽연합(WEU)이 유럽국가들 간의 안보정책협력 강화를 위하여 창설되었다. WEU는 브뤼셀조약을 체결한 국가들(벨기에, 프랑스, 룩셈부르크, 네덜란드와 영국)과 새롭게 가담한 독일 및 이탈리아로 구성되었다. 또한 그리스, 스페인과 포르투칼이 회원국이 되었다. WEU는 1954년에 유럽의 안보방위정책의 시작을 나타냈다. 그러나, 그 역할은 더 이상 발전되지 않았다. 왜냐하면, WEU 강대국들의 대다수가 다른 국제기구, 특히 NATO, 유럽평의회와 EU로 옮겨갔기 때문이었다. WEU는 집단방위책임을 보유하고 있는데, 이는 아직 EU로 이전되지 않은 역할이다.*

역자주 * WEU는 조약이 2011년 6월 30일 종료됨에 따라 해체되었다.

제2절 두 번째 그룹 : 유럽평의회와 OSCE

유럽기구들 중 두 번째 그룹의 공통된 특징은 가능한 한 많은 국가들이 가입할 수 있게 구성되었다는 점이다. 동시에, 이들 기구는 통상적인 국제협력의 범위를 넘지 않는다고 인식되었다.

이들 기구에는 유럽평의회가 포함되는데, 그것은 1949년 5월 5일에 정치적 기관으로서 설립되었다. 유럽평의회 법규범에는 연방이나 연합의 결성을 위한 조치에 대해서도 언급되지 않고, 또한 주권적 권리의 양도나 통합에 관한 규정도 없다. 모든 중요한 사항에 대한 결정에는 전원일치가 요구되는데, 이는 모든 국가가 거부권을 갖는다는 것을 의미하며, UN안전보장이사회에서 동일한 방식을 찾아볼 수 있다. 따라서, 유럽평의회는 단지 심정적인 국제협력과 관련하여 구상된 것이다. 유럽평의회는 경제, 문화, 사회정책 및 법률 분야에서 수많은 협약들을 체결해 왔다. 이들 협약 가운데 가장 중요하고 그리고 가장 잘 알려진 것으로 1950년 11월 4일의 인권 및 기본적 자유의 보호를 위한 유럽협약(유럽인권협약 또는 ECHR)이 있다. 동 협약으로 인해 인권보장을 위한 최소한의 기준이 회원국들을 위해 규정될 수 있었다. 그 뿐만 아니라, 또한 동 협약에 근거하여 스트라스부르에 설치된 기구들(유럽인권위원회와 유럽인권재판소)이 회원국들의 인권 침해를 비난할 수 있는 법적 보호제도를 수립하였다.

이 그룹의 기구에는 유럽안전보장협력기구(OSCE)가 포함되는데, 동 기구는 유럽안전보장협력회의의 후속기구로서 1994년에 설립되었다. OSCE는 1975년 헬싱키최종문서 및 1990년 파리헌장에서 규정된 원칙과 목적에 의해 기속된다. 이들 목적에는 유럽국가들 간의 신뢰구축을 위한 조치와 함께, 또한 평화적 수단에 의한 갈등해결을 가능하게 하기 위한 '안전망'의 창설도 포함된다. 근래의 사건들에서 나타난 바와 같이, 유럽은 이 분야에서 아직 가야할 먼 길이 남아 있다.

제3절 세 번째 그룹 : 유럽연합

유럽기구의 세 번째 그룹으로는 유럽연합이 있다. 국가들의 통상적인 국제기구 유형과 구별되는 EU의 완전히 새로운 특징은 회원국들이 주권적 권리의 일부를 EU에 양도하고, 독립적으로 행위할 권한을 EU에 부여하였다는 점이다. EU가 이들 권한을 행사할 때, 개별 국가들의 법률과 동일한 힘을 가지는 고권적 법규범을 발할 수 있다.

유럽연합의 초석은 당시 프랑스 외무장관인 로베르 슈만에 의해 놓였다. 슈만은 1950년 5월 9일 선언에서 유럽의 석탄 및 철강산업을 결집하여 유럽석탄철강공동체를 구성한다는 계획을 장 모네와 공동 작업하여, 제안하였다. 이것은 '조직화되고 활력 넘치는 유럽'을 위한 역사적인 발의이며, '문명화를 위해 필수불가결한' 것이고, 그것 없이는 '세계평화는 유지될 수 없다'고 슈만은 선언하였다. '슈만계획'은 유럽석탄철강공동체(ECSC)의 설립조약의 체결에 의해 마침내 실현되었다. ECSC는 여섯 개의 설립국가(벨기에, 독일, 프랑스, 이탈리아, 룩셈부르크, 네덜란드)에 의해 1951년 4월 18일 파리에서 체결되었으며(파리조약), 1952년 7월 23일에 효력을 발생하였다. 이 공동체는 50년 동안 설립되어, 2002년 7월 23일에 설립조약의 존속기간이 만료함에 따라 유럽공동체에 '통합'되었다. 몇 년 후인 1957

년 3월 25일의 로마조약에 의해 더욱 발전하였으며, 그에 의해 유럽경제공동체(EEC)와 유럽원자력공동체(Euratom)가 설립되었다. 이들 조직은 1958년 1월 1일에 조약이 효력을 발생함에 따라 그 업무를 시작하였다.

마스트리히트조약에 의해 유럽연합이 창설됨으로써, 유럽의 정치적 통일에의 길은 커다란 일보를 기록하게 되었다. 동 조약은 1992년 2월 7일에 마스트리히트에서 서명되었지만, 비준과정에서의 많은 난관들(2차 국민투표에 의한 덴마크국민의 승인 ; 의회에 의한 조약의 승인을 위헌이라고 선언한 독일에서의 법적 소송)로 인하여 1993년 11월 1일에서야 효력을 발생하게 되었다. 동 조약은 스스로를 '유럽인들 간의 보다 긴밀한 연합을 창설하는 과정에서의 새로운 단계'라고 표현하였다. 동 조약은 이 절차를 완성시키지는 못했지만 유럽연합을 설립하는 법규범을 포함하고 있었다. 그것은 궁극적으로 유럽헌법제도로 가는 길로의 첫걸음이었다.

암스테르담조약과 니스조약의 형태로 더욱 발전하였다. 이들 조약은 각각 1999년 5월 1일과 2003년 2월 1일에 효력을 발생하였다. 이들 개혁의 목적은 15개에서 27개 또는 그 이상의 회원국으로 확장된 하나의 연합체로 EU의 효율적인 행위능력을 유지하는 것이었다. 따라서, 이들 두 개의 조약은 기관개혁에 초점을 두었으며, 이전 개혁과 비교하여 볼 때, 니스조약은 유럽통합을 심화시키고자 하는 정치적 의지가 상대적으로 약하였다.

그 후 몇몇 지역으로부터의 비판이 발단이 되어, EU의 미래와 EU 기관 구성에 대한 논쟁이 시작되었다. 결과적으로, 2001년 12월 5일

레켄(벨기에)에서 국가 또는 정부의 수뇌들은 유럽연합의 미래에 관한 선언(Declaration on the Future of the European Union)을 채택하였다. 동 선언에서 EU는 보다 민주적이고 투명하며 효율적으로 되고, 그리고 헌법제정에의 길을 열어가기로 하였다. 이러한 목적을 달성하기 위한 첫 번째 조치는 유럽회의의 구성이었다. 동 회의는 프랑스 전 대통령 발레리 지스카르 데스탱이 의장이 되어 주재한 것으로, 유럽헌법 초안의 작성이 그 임무였다. 2003년 7월 18일에 의장은 회의를 대표하여 작성된 조약안을 유럽이사회 의장에게 공식적으로 제출하였다. 2004년 5월 1일 10개국의 새로운 회원국이 가입하고 2004년 6월 중순 유럽의회 선거가 있은 후인 7월 17일과 18일에 브뤼셀에서 동 조약안은 약간의 수정을 거쳐 국가 또는 정부의 수뇌들에 의해 채택되었다.

헌법은 우리가 알고 있는 유럽연합과 유럽공동체를 단일의 헌법조약에 근거한 새로운 단일의 유럽연합으로 전환시키고자 의도하는 것이었다. 유럽원자력공동체는 유럽연합과의 밀접한 관계는 계속될 것이지만, 그것만이 별개의 공동체로서 존속하게 될 것이다.

그러나, 이러한 헌법조약의 시도는 비준절차에서 실패하였다. 25개 회원국 중 13개국에서 통과되었지만, 프랑스(69.4% 투표율에 반대 54.68%)와 네덜란드(63% 투표율에 반대 61.7%)의 국민투표에서 부결되었다.

약 2년간의 숙려기간을 거친 후, 새로운 개혁패키지가 2007년 상반기에 착수되었다. 동 개혁패키지는 유럽헌법이라는 개념을 멀리하려는 동향을 반영한 것이었다. 유럽헌법은 기존의 모든 조약을 폐지하고, '유럽헌법제정조약'이라는 단일 문서로 대체하고자 하는 것이었다. 그 대신에, 개혁조약이 작성되어, 그 이전의 마스트리히트, 암스테르담 및 니스조약과 마찬가지로 기존의 EU조약들을 근본적으로 변경하여, 연합 내외에서의 EU의 행위능력을 강화하고, 민주적 정당성을 증가시키며, EU의 행위의 효율성을 전반적으로 높이고자 하였다. 전례에 따라, 동 개혁조약은 리스본조약이라 하였다.

동 조약안은 유달리 빠른 속도로 작성되었다. 이는 주로 국가 또는 정부의 수뇌들이 2007년 6월 21일과 22일 브뤼셀에서 열린 유럽이사회의 회의에서, 2004년 정부간 회의(Intergovernmental Conference)에서 협의된 변경사항을 어떠한 방식으로 그리고 어느 정도로 기존 조약에 통합시킬 것인지에 대해 상세하게 결론을 내린 바 있다는 사실에 기인한 것이었다. 국가 또는 정부의 수뇌들이 정부간 회의에 의해 실시될 일반적인 방향에 제한을 받지 않고 변경사항의 구조와 내용을 스스로 결정하였으며, 사실 자주 조문을 구체적으로 기술하였다는 점에서, 이러한 방식은 통상의 경우와는 다른 것이었다. 주요 쟁점들은 연합과 회원국들 간의 권한의 한계 설정, 미래의 공동외교안보정책, 통합과정에서의 국가의회의 새로운 역할, 기본권헌장의 연합법에의 통합과 형사문제에서의 경찰·사법 협력 분야의 진전이었다. 결과적으로, 2007년에 소집된 정부간 회의는 재량의 여지를 별로 갖지 못하였으며, 단지 요구된 변경사항을 기술적으로 실시할 권한만이 부여되었다. 정부간 회의의 과업은 2007년 10월 18일과 19일까지 완수되었으며, 같은 시기에 리스본에서 비공식적으로 열린 유럽이사회 회의에서 정치적 승인을 얻었다. 마침내, 조약이 2007년 12월 13일 리스본에서 EU 27개 회원국들의 국가 또는 정부의 수뇌들에 의해 공식적으로 서명되었다.

그러나, 동 조약의 비준절차는 대단히 어려운 것으로 드러났다. 리스본조약은 유럽헌법제정조약과는 달리 프랑스와 네덜란드에서 비준을 받는 데 성공하였으나, 2008년 6월 12일의 아일랜드 1차 국민투표에서 처음으로 장애물에 걸려 넘어졌다(53.1% 투표율에 53.4% 반대). 새로운 조약의 (제한된) 범위에 관한 수많은 법적 보장을 규정한 다음에야 아일랜드 국민들은 2009년 10월에 리스본조약에 관한 2차 국민투표에서 투표요청을 받았다. 이번에는 동 조약은 아일랜드 국민들의 폭넓은 지지를 받았다(59% 투표율에 67.1% 찬성). 아일랜드 국민투표의 성공으로 인해, 또한 폴란드와 체코공화국에서도 리스본조약의 비준의 길이 열렸다. 폴란드에서는 카친스키 대통령이 아일랜드 국민투표의 결과가 긍정적일 것을 조건으로 비준서에 서명을 하였었다. 체코 대통령 바클라프 클라우스도 또한 처음에는 아일랜드 국민투표 결과를 기다리기를 원하였다. 그러나, 이전 독일령이었지만 현재 체코공화국 영토인 지역에 대해 청구를 허용하지 않는 것을 규정한 1945년 베네시 포고(Beneš Decrees)가 리스본조약, 특히 EU조약에 통합된 기본권헌장에 의해 영향을 받지 않는다는 보장을 조건으로 하여 비준서에 서명하였다. 일단 이러한 요구에 대해 해법이 발견되자 체코 대통령은 2009년 11월 3일에 비준서에 서명하였다. 이렇게 해서, 비준절차는 27개 회원국의 마지막 국가에서 완결되었으며, 리스본조약은 2009년 12월 1일에 효력을 발생할 수 있었다.

리스본조약은 유럽연합과 유럽공동체를 단일의 유럽연합으로 통합하는 것이다. '공동체'라는 단어는 '연합'이라는 단어로 완전히 교체된다. 유럽연합은 유럽공동체를 대체하며 승계하는 것이다. 그러나, EU법은 아직 다음 세 가지 조약으로 구성되어 있다.

유럽연합조약

유럽연합조약(EU조약-'TEU')은 다음의 6편으로 완전히 재구성되었다. 공통규정(Ⅰ), 민주주의 원칙에 관한 규정(Ⅱ), 기관에 관한 규정(Ⅲ), 협력강화에 관한 규정(Ⅳ), EU의 대외적 행위에 관한 일반규정과 공동외교안보정책에 관한 특별규정(Ⅴ), 그리고 최종규정(Ⅵ).

유럽연합운영조약

유럽연합운영조약('TFEU')은 유럽공동체설립조약에서 발전된 것이다. 그래서 그것은 EC조약과 다소간 동일한 구조를 가진다. 주요 변경사항은 EU의 대외적 행위와 새로운 장(章), 특히 에너지 정책, 형사문제에서의 경찰·사법 협력, 우주, 스포츠와 관광에 관한 장의 도입과 관련된 것이다.

유럽원자력에너지공동체설립조약

유럽원자력에너지공동체설립조약(EAEC조약-'Euratom조약')은 각각 다른 단계에서 개정되어 왔다. 리스본조약에 부속된 의정서에서 각각의 경우에 개별적인 개정이 이루어져 왔다.

TEU와 TFEU의 법적 지위는 동일하다. 이와 같이 법적 해석을 명확히 하는 것이 필요하다. 왜냐하면, 이전 EC조약의 새로운 명칭

('EU운영조약')과 양 조약에서의 규제의 수준으로 인해 TEU는 일종의 헌법이나 기본조약인데 반하여, TFEU는 하나의 집행조약이라는 인상을 주기 때문이다. 그러나, TEU와 TFEU는 헌법적 성격을 가지지 않는다. 모든 조약에서 사용되는 용어는 이전 헌법초안과는 다른 변화된 접근법을 반영한다. '헌법'이라는 표현은 더 이상 사용되고 있지 않다. 'EU외무장관'은 '연합외교안보정책 고위대표'라고 부르고, '법률'과 '구조법률' 개념은 폐기되었다. 또한 개정된 조약들은 EU의 상징들, 예컨대 국기, 국가 또는 국시에 관한 규정들을 포함하지 않는다. EU법의 우위는 조약에 명시적으로 규정되지 않고, 이전과 마찬가지로 유럽연합 사법재판소의 판례법에서 도출된 것이며, 이러한 판례법은 해석적 선언으로 불린다.

또한 리스본조약은 EU의 '3개의 기둥'을 폐기한다. 첫 번째 기둥은 본질적으로 단일시장과 EC정책으로 구성된 것인데, 공동외교안보정책으로 구성된 두 번째 기둥과 형사문제에서의 경찰·사법 협력에 관한 세 번째 기둥과 통합되었다. 그러나, 유럽의 방위를 포함하여 공동외교안보정책과 관련되는 특별절차는 여전히 유효하다. 조약에 부속된 정부간 회의선언에는 이러한 정책분야의 특별한 성격과 이 분야에서의 회원국들의 특별책임이 강조되고 있다.

EU의 회원국은 현재 28개국이다. 이들 회원국에는 우선 EEC의 6개국 창설멤버, 즉 벨기에, 독일(1990년 10월 3일 두 개의 독일의 통일에 따른 이전 동독지역을 포함한다.), 프랑스, 이탈리아, 룩셈부르크와 네덜란드로 구성되어 있다. 1973년 1월 1일에 덴마크(1982년 2월의 국민투표에서 근소한 차로 EC에 남지 않기로 한 그린란드를 제외한다.), 아일랜드와 영국이 공동체에 가입하였다. 노르웨이의 가입계획은 1972년 10월의 국민투표에서 거부되었다(EC회원국 반대 53.5%). '남쪽에로의 확장'은 1981년 1월 1일 그리스의 가입으로 시작되어, 1986년 1월 1일 스페인과 포르투칼의 가입으로 완성되었다. 그 다음의 확장은 오스트리아, 핀란드와 스웨덴이 EU에 가입한 1995년 1월 1일에 일어났다. 노르웨이에서는 국민투표를 실시한 결과 EU가입 반대가 근소한 다수(52.4%)로 22년 전의 결과의 반복이 되었다. 2004년 5월 1일에 발틱국가들인 에스토니아, 라트비아 및 리투아니아와 동부 및 중앙유럽국가들인 체코공화국, 헝가리, 폴란드, 슬로베니아 및 슬로바키아와 2개의 지중해섬인 사이프러스와 몰타가 EU에 가입하였다. 단지 약 2년이 지난 후인 2007년 1월 1일에 불가리아와 루마니아가 가입함으로써 동쪽으로의 확장은 당분간 완성된 셈이다. 이로 인해 회원국 숫자는 15에서 27로 확대되었으며, EU인구도 9천만 명이 증가하여 4억7천4백만 명이 되었다.* 철의 장막과 냉전에 의해 50년 이상 동안 분단된 유럽의 재통일을 오랜 과정을 통하여 가져온 성과가 EU의 이러한 역사적 확장이라고 할 수 있다. 특히 그것은 통일된 유럽대륙에 평화, 안정 및 경제적 번영을 가져오게 하자는 열망을 반영한 것이다.

추가 가입협상이 진행 중인데, 특히 터키는 1987년 4월 14일에 회원 가입을 신청한 바 있다. 그러나, EU와 터키 간의 관계는 보다 이전으로 거슬러 올라간다. 1963년에 터키와 EEC는 가입교섭을 개시하여, 회원이 될 전망이 보였다. 1995년에 관세동맹이 결성되고, 1999년 12월 헬싱키에서 유럽이사회는 터키에게 공식적으로 가입후보국의 지위를 부여하기로 결정하였다. 이것은 터키가 아직 인권과

역자주 * 2013년 7월 1일에 크로아티아의 가입으로 EU회원국은 28개국이 되었으며, 인구도 5억5백만 명이 되었다.

소수자 보호라는 측면에서 중대한 결점을 보였지만, 기본적으로 민주주의제도의 특징을 갖추고 있다는 믿음이 반영된 것이었다. 2004년 12월에 유럽위원회의 권고에 근거하여, 유럽이사회는 마침내 터키와 적극적으로 가입협상을 개시하기로 하여, 가입협상이 2005년 10월부터 진행 중이다. 협상의 궁극적인 목적은 회원 가입이지만, 이러한 목적이 달성되리라는 보장은 없다. 또한 2014년 이전에 가입은 불가능하다는 것이 EU내의 합의이다. 통합을 순조롭게 하고, 50년 이상의 유럽통합의 업적을 위태롭게 하지 않도록 가입문제는 철저히 준비되어야 한다. 다른 가입후보국은 크로아티아인데, 크로아티아는 2005년 10월에 가입교섭 개시의 길이 열렸다.* 그리고 마케도니아는 교섭개시일이 설정되지 않고 2005년 12월에 공식적으로 후보국 자격이 부여되었다. 아이슬란드는 2009년 7월 17일에 회원가입 신청을 하였다. 2010년 2월 24일에 유럽위원회는 이사회가 아이슬란드와 가입교섭을 개시할 것을 권고하였다.

EU는 현재 또한 새롭게 서부 발칸지역에로의 확장을 위하여 열심히 노력하고 있다. EU는 이전 신입 회원국에 대해 사용했던 것과 동일한 방식을 서부 발칸국가들에 대해서도 적용하기로 결정하였다. 따라서 서부 발칸국가들의 가입에는 전반적인 진행구도가 확장된 안정화 및 제휴절차(stabilisation and association process)에 의하게 된다. 코소보[1]를 포함하여, 알바니아, 보스니아, 헤르체고비나, 세르비아 및 몬테네그로와 수립한 '유럽 동반자관계'('European partnerships')가 이러한 방향에서의 중요한 첫걸음이다. 필요적으로 업데이트되어야 하는 유럽 동반자관계의 역할은 서부 발칸국가들이

역자주 * 크로아티아는 2013년 7월 1일에 가입하였다.

1) 1999년 6월 10일의 유엔 안전보장이사회결의 1244호에 의함.

일관된 구조 속에서 회원자격을 준비하고, 그들이 신청하고자 하는 EU에의 통합을 위한 요건들이라는 측면에서 개혁 및 세부사항의 일정을 담은 행동계획의 작성을 지원하는 것이다.

EU로부터의 탈퇴에 관한 규정도 만들어졌다. 회원국의 탈퇴를 허용하는 탈퇴조항이 EU조약에 삽입되었다. 연합으로부터의 탈퇴에는 아무런 조건이 없다. 요구되는 것은 EU와 관계 회원국 간의 탈퇴에 관한 합의가 전부이다. 합의가 이루어지지 않으면, 탈퇴의사의 통지로부터 2년 후에 합의 없이 탈퇴의 효력이 발생한다. 그러나, 조약의 심각하고 지속적인 위반을 이유로 하는 회원국의 EU로부터의 축출에 관한 규정은 없다.

제2장 유럽연합의 근본적 가치

TEU 제2조(연합의 가치)

연합은 인간의 존엄, 자유, 민주주의, 평등, 법의 지배에 대한 존중과 소수자에 속하는 사람들의 권리를 포함하여 인권에 대한 존중의 가치 위에 설립된다. 이들 가치는 다원주의, 비차별, 관용, 정의, 연대와 여성과 남성 간의 평등이 지배하는 사회에서 회원국들에 공통된다.

TEU 제3조(연합의 목적)

1. 연합의 목적은 평화, 연합의 가치와 연합민들의 복리를 증진하는 것이다.

2. 연합은 연합시민들에게 역내 경계선이 없는 자유, 안전보장 및 사법의 영역을 제공하여야 한다. 연합에서는 사람들의 자유로운 이동이 외부경계 통제, 망명, 이민과 범죄의 예방 및 범죄와의 전쟁에 관한 적절한 조치와 함께 보장된다.

3. 연합은 역내시장을 설립하여야 한다. 연합은 균형경제성장과 가격안정, 높은 경쟁력을 가진 사회적 시장경제에 근거한 지속적인 유럽의 발전을 위하여 활동하여야 하며, 완전고용과 사회발전, 그리고 높은 수준의 환경의 질의 보호 및 향상을 목표로 하여야 한다. 연합은 과학기술의 진보를 촉진하여야 한다.

연합은 사회적 소외와 차별과 투쟁하여야 하며, 사회적 정의와 보호, 여성과 남성 간의 평등, 세대 간의 연대와 아동의 권리의 보호를 향상시켜야 한다.

> 연합은 경제적, 사회적 및 영토적 결속과 회원국들 간의 연대를 촉진시켜야 한다.
>
> 연합은 풍부한 문화적, 언어적 다양성을 존중하며, 유럽의 문화유산이 보호되고 고양되도록 보장하여야 한다.
>
> 4. 연합은 그 화폐를 유로로 하는 경제통화동맹을 설립하여야 한다.
>
> 5. 연합은 보다 넓은 세계와의 관계에서 연합의 가치와 이익을 수호하고 증진시키며, 연합시민의 보호에 기여하여야 한다. 연합은 평화, 안전보장, 지구의 지속적 발전, 연대와 사람들 간의 상호존중, 자유롭고 공정한 무역, 빈곤의 퇴치와 인권, 특히 아동의 권리의 보호, 유엔헌장의 원칙의 존중을 포함하여 국제법의 엄격한 준수와 발전에 기여하여야 한다.
>
> […]

통합된 유럽은 회원국들이 또한 동의하고 공동체의 운영기관들에 의하여 현실로 실현되는 기본적인 사상 및 가치의 토대 위에 설립되었다. 이러한 사상 및 가치는 평화, 통합, 평등, 자유, 연대와 안전보장을 유지하는 것이다. EU가 천명한 목적들은 자유, 민주주의와 모든 회원국들이 공유하는 법의 지배의 원칙을 보장하며, 기본적 인권을 보호하는 것이다. 또한 이들 가치들은 장래 EU에 가입하기를 희망하는 국가들이 추구해야할 것이기도 하다. 나아가, 이들 가치와 원칙을 심각하고 지속적으로 위반하는 회원국들에 대해서는 제재가 가하여질 수 있다. 회원국들의 3분의1 이상 또는 유럽위원회가 제안하고 유럽의회의 동의를 받은 경우에, 국가 또는 정부의 수반들이 EU의 근본 가치와 원칙들이 심각하고 지속적으로 위반되고 있음을 선언한다면, 이사회는 특정다수결에 의하여 EU조약 및 EU운영조약을 관련 회원국에 적용함으로써 인정되는 일정한 권리－이사회 투표권을 포함한다－를 정지시킬 수 있다. 다른 한편으로, 이들 조약에 의하여 관련 회원국에 부과되는 의무는 계속해서 기속력을 갖는다. 시민과 기업의 권리와 의무에 대한 영향에 대해서는 특별히 고려된다.

제1절 평화의 보증인으로서의 EU

유럽 통일에 있어서 평화에 대한 열망만큼 커다란 동기는 없다. 지난 세기 유럽에서 2개의 세계대전이 현재 유럽연합의 회원국인 국가들 간에 벌어졌다. 그리하여, 유럽의 정책은 평화를 위한 정책을 의미하는 동시에, EU의 설립은 회원국 간의 전쟁을 불가능하게 하는 유럽 평화구조의 핵심을 창출하였다. 유럽의 50년간의 평화가 이러한 증거이다. EU에 가입하는 유럽국가들이 많아질수록 이러한 평화구조는 더욱 공고해질 것이다. 12개의 대부분 동부 및 중앙 유럽국가들이 포함된 최근 두 번의 EU의 확장은 이러한 측면에서 커다란 기여를 하게 되었다.

제2절 반복되는 주제로서의 통일과 평등

통일은 반복되는 주제이다. 오늘날의 문제들은 유럽국가들이 통일에의 길로 나아갈 때에만 극복될 수 있다. 유럽의 통합이 없다면, 그리고 유럽연합이 없다면, 평화(유럽 및 세계 모두), 민주주의, 법과 정의, 경제적 번영과 사회보장을 확보하는 것과 그것들을 미래를 위하여 보장하는 것이 불가능하다는 견해를 갖는 사람들이 많다. 실업,

불충분한 경제성장과 환경오염문제는 오래전에 단순히 국가적 문제가 아니고, 국가차원에서는 해결될 수 없다. EU라는 맥락에서만이 안정적인 경제질서가 수립될 수 있고, 단합된 유럽의 노력을 통하여서만이 우리는 유럽경제의 실적을 향상시키며, 사회정의에 공헌하는 국제경제정책을 확보할 수 있다. 내부단결 없이는 유럽은 다른 세계로부터 정치경제적 독립성을 주장할 수 없으며, 국제무대에서 영향력을 회복할 수 없고, 세계정치에서 제 역할을 되찾을 수 없다.

통일은 평등이 법칙인 곳에서만 지속될 수 있다. 연합시민들은 국적으로 인해 불이익한 상태에 놓이거나 차별을 받아서는 안된다. 성별, 인종, 민족적 출신, 종교나 신념, 장애, 연령 또는 성적 취향을 이유로 하는 차별적 대우와 투쟁하여야 한다. 유럽연합기본권헌장은 아직도 갈 길이 멀다. 피부색, 유전적 특징, 언어, 정치적이나 그 밖의 의견, 소수민족의 자격, 재산 또는 태생 등을 이유로 하는 어떠한 차별도 금지된다. 나아가, 모든 연합시민들은 법 앞에 평등하다. 회원국과 관련하여, 평등의 원칙은 어떠한 국가도 다른 국가에 대해 우월하지 않다는 것을 의미하고, 크기, 인구 및 서로 다른 구조와 같은 자연적 차이는 평등의 원칙과 일치하는 경우에만 거론되어야 한다.

제3절 기본적 자유

자유는 평화, 통일 및 평등의 직접적인 결과물이다. 28개국을 연결하여 보다 규모가 큰 조직체를 창설함과 동시에 국경을 초월한 이동의 자유가 가능하게 되었다. 특히, 이것은 노동자 이동의 자유, 설립의 자유, 서비스 제공의 자유, 재화의 자유로운 이동과 자본의 자유로운 이동을 의미한다. 이러한 기본적인 자유 덕분에 사업자들은 의사결정의 자유를, 노동자들은 일자리를 선택할 자유를, 소비자들은 다양한 제품들 가운데 선택의 자유를 각각 보장받는다. 경쟁의 자유에 의하여 사업자들은 비교할 수 없이 광범위한 잠재적 고객들에게 자신의 제품과 서비스를 제공할 수 있게 된다. 노동자들은 EU의 전 지역에 걸쳐서 일자리를 찾을 수 있고, 자신의 희망과 이익에 따라 직업을 바꿀 수 있다. 소비자들은 판매 경쟁의 증가로 인하여 훨씬 다양한 제품 중에서 가장 싸고 품질이 좋은 제품을 선택할 수 있다.

그러나, 2004년 5월 1일과 2007년 1월 1일에 EU에 가입한 회원국 시민들에게는 몇 가지 경우에 아직 경과규정이 적용된다. 가입조약에는 특히 노동자 이동의 자유, 서비스 제공의 자유, 설립의 자유와 관련하여 예외조항이 포함되었다. 결과적으로, '구' EU회원국들은 취업에 대해서는 국가법이나 양국법이 적용되도록 함으로써 최고 7년의 기간 동안 '신' 회원국 국민인 노동자들의 자유로운 이동을 제한할 수 있다.

제4절 연대의 원칙

자유의 남용은 항상 타인의 희생이 따르기 때문에 연대는 자유의 필수적인 교정수단이다. 이러한 이유로 공동체 구조가 지속되려면 회원들의 연대가 기본원칙임을 항상 인식하여야 하고, 회원들 간에 이득, 즉 번영과 함께 동등하고 공정하게 그 부담도 공유하여야 한다.

1955. 6. 1-3, 타오르미나(이탈리아).
메시나회의 동안 숙박한 호텔의 정원에서 죠셉 베크, 폴-헨리 스파아크와 빌렘 바이언.
이 3명의 외무장관들은 이 회의에서 6개국이 논의한 베네룩스 비망록을 작성하였다.

제5절 국가 정체성의 존중

회원국의 국가정체성은 존중된다. 이러한 생각은 회원국들이 EU에 용해된다는 것이 아니라 자기의 특성을 기부하는 것을 뜻한다. 이러한 다양한 국가적 특성과 정체성에 의하여 EU는 도덕적 권위를 얻게 되고, 그것은 결국 EU 전체의 이익을 위해 사용된다.

제6절 안전보장의 요청

이들 모든 기본가치들은 궁극적으로 안전보장에 의존한다. 특히 2001년 9월 11일 미국에 대한 공격 이후 유럽의 테러리즘과 조직범죄에 대한 싸움이 다시 각광을 받고 있다. 경찰·사법 협력은 계속해서 공고하게 되고 있고, EU의 외부경계선의 보호는 강화되고 있다.

그러나, 유럽적 관점에서의 안전보장은 또한 EU에서 생활하는 모든 시민들의 사회보장, 직업보장과 확실한 일반적 경제사업조건을 의미한다. 이러한 측면에서 EU기관들에게는 시민과 사업자들이 의존하는 조건들을 만들게 함으로써 그들의 미래를 위해 노력할 수 있도록 해줄 것이 요청된다.

제7절 기본권

EU의 핵심적인 기본적 가치와 개념에는 또한 연합의 개별 시민들의 기본권이 포함된다. 유럽은 역사적으로 200년 이상 동안 기본권의 보호를 강화시키고자 부단히 노력해 온 특징을 갖고 있다. 18세기 인간과 시민의 권리 선언으로 시작되어, 기본권과 시민의 자유는 오늘날 대부분의 문명국가의 헌법에 굳건히 자리잡게 되었다. 이는 특히 EU 회원국들에게 해당되는데, 그들의 법제도는 법의 지배와 개인의 존엄, 자유와 자아발전의 권리에 대한 존중의 기초 위에 건설되었다. 인권의 보호에 관한 국제조약이 다수 존재하지만, 그 중에서도 유럽인권협약은 대단히 중요하다.

1969년이 되어서야 사법재판소는 기본권의 체계로서 기능하는 일단의 판례법을 정립하였다. 이러한 이유는 초기의 사법재판소가 자신은 국가 헌법의 범위 내에 속하는 사안들에 관여할 필요가 없다는 논거로 기본권과 관련되는 소송을 모두 각하하였기 때문이었다. 사법재판소는 그 입장을 변경하여야 했는데, 그것은 사법재판소 스스로 연합법의 우위와 국가법에 대한 연합법의 우선을 구현하였기 때문이었다. 이러한 우위는 연합법이 국가 헌법 하에서와 동일한 법적 구속력으로 기본권의 보호를 충분히 보장하는 경우에만 굳건히 정립될 수 있다.

스타우더(Stauder)판결이 이러한 판례법의 출발점이었다. 동 판결에서는 전쟁희생자 복지혜택의 수령자가 크리스마스 때 할인가격으로 버터를 구매하기 위해서는 계산할 때 이름을 밝혀야 할 것을 요구하는 것이 인간의 존엄과 평등의 원칙을 위반한 것으로 보아야 할 것인지가 쟁점이었다. 사법재판소는 공동체 규정의 해석에 있어서 사실 기본권 침해의 문제를 고려할 필요까지도 없이 수혜자는 자신의 이름을 밝힐 필요가 없었다는 결론에 이르렀지만, 최종적으로는 사법재판소가 보호하여야 하는 공동체 법질서의 일반기본원칙에 기본권에 대한 존중이 포함된다고 선언하였다. 이것이 최초로 사법재판소가 EU 기본권체계의 존재를 인정한 것이었다.

초기에 재판소는 조약상의 여러 규정으로부터 기본권의 보호를 발전시켰다. 특히 이는 특수한 상황에서 평등의 일반원칙의 특별한 측면과 관련되는 무수한 차별금지 사건에 있어서 그러하다. 예를 들면, 국적을 이유로 하는 차별의 금지(TFEU 제18조), 성별, 인종, 민족적 출신, 종교 또는 신념, 장애, 연령 또는 성적 취향(TFEU 제10조)을 이유로 하는 차별적 대우의 금지, 4가지 기본적 자유(재화의 이동의 자유 – TFEU 제34조 ; 사람의 이동의 자유 – TFEU 제45조 ; 설립의 자유 – TFEU 제49조 ; 그리고 서비스 제공의 자유 – TFEU 제57조)와 관련한 재화와 사람의 평등한 취급, 경쟁의 자유(TFEU 제101조 이하 참조)와 남녀 동등 임금(TFEU 제157조)을 들 수 있다. 또한, 직업생활의 기본적 자유를 보장하는 공동체의 네 가지 기본적 자유는 이동의 자유와 직업을 선택하고 수행할 자유에 대해 공동체의 기본권으로 간주될 수 있다. 또한 결사의 권리(TFEU 제153조), 청원권(TFEU 제24조)과 사업 및 직업비밀의 보호(TFEU 제339조)를 위한 보장이 명백히 규정되어 있다.

사법재판소는 공동체법을 통한 기본권의 보호라는 이러한 초기의 노력을 점진적으로 발전시키고 증대시켜 왔다. 그것은 일반법원칙을 인정하고 적용함으로써, 그리고 회원국 헌법에 공통된 개념과 회원국이 체결당사자인 인권의 보호에 관한 국제조약에서 도출함으로써 이러한 작업을 하여 왔다. 후자의 두드러진 경우로는 유럽인권협약이 있다. 동 협약은 연합의 기본권의 실체와 그 보호체계를 형성하는데 기여하였다. 이러한 기초 위에 재판소는 다수의 자유를 공동체법에 의해 보장된 기본권으로 인정하였다. 소유권, 직업에 종사할 자유, 가정의 불가침성, 의견의 자유, 일반적 인격권, 가정의 보호(예컨대, 가족 구성원의 이주노동자가 될 권리), 경제적 자유, 종교 또는 신념의 자유와 다수의 기본적인 절차적 권리, 예컨대 적법절차에 대한 권리, 변호사와 의뢰인 간의 교신의 비밀의 원칙(코먼로 국가에서 '특권적 의사소통'으로 알려진), 동일한 범죄에 대한 이중처벌의 금지 또는 EU 법령에 대한 정당성 요건이 그것들이다.

법적 분쟁에서 자주 문제되는 특히 중요한 원칙은 평등대우의 원칙이다. 간단히 말하자면, 이것은 구별해야 할 객관적으로 정당한 근거가 없다면 같은 경우는 같게 다루어야 한다는 것을 의미한다. 그러나, 사법재판소는 국제적 관례와는 반대로, 이러한 평등대우의 원칙 때문에 자국민과 국내생산제품이 다른 회원국의 시민과 제품에 비해 보다 엄격한 조건에 구속되도록 하는 것을 금지하는 것은 아니라고 판결하였다. 이러한 '역차별'은 연합권력의 범위가 제한된 것으로 인한 불가피한 결과이며, 공동체법에 의해서는 구제될 수 없다. 지금까지 나온 재판소 판결에 따르면, 자유화를 요구하는 규범들은 기본적 자유로부터 연원되는데, 국경을 넘는 무역에 대해서만 적용된다. 국내산 제품의 생산 및 마케팅 또는 회원국 국민들의 법적 지위를 규제하는 규범들은 연합이 적합화 조치를 도입한 경우에만 공동체법에 의해 영향을 받는다.

사법재판소의 판결에 의해 연합에게는 광범위한 준헌법(quasi-constitutional law)이 주어졌다. 실제적 의미에서 비례성의 원칙은 이들 가운데에서 가장 중요한 것이다. 그것의 의미는 시민들이 과도한 부담을 지지 않도록 추구된 목적과 사용된 수단은 형량되어 적정한 균형을 이루도록 하여야 한다는 것이다. 연합법의 기초를 이루는 다른 기본원칙들 중에는 행정법의 일반원칙과 적정절차의 개념이 있다. 정당한 기대는 보호되어야 하며, 부담을 부과하거나 정당하게 취득한 이익을 취소하는 소급적 규정은 금지되고, 적법절차에 대한 권리－자연적 정의는 이에 대한 전통적 용어이다－는 유럽위원회의 행정절차와 사법재판소의 사법절차에서 확보되어야 한다. 또한 투명성에는 특별한 가치가 부여된다. 투명성이란 시민들에게 가능한 한 공개되고 긴밀하게 결정이 이루어져야 한다는 것을 의미한다. 한 회원국에 등록된 어떠한 EU시민이나 법인도 이사회나 유럽위원회의 문서에 접근할 수 있다는 것이 이러한 투명성의 중요한 측면이다. 또한 EU예산에서 지급되는 모든 교부금과 보조금은 모든 연합시민들이 접근 가능한 데이터베이스에 의해 자연인 또는 법인에게 공개되어야 한다.

규정되지 않은 기본권의 발전에 있어서 사법재판소가 이룬 업적은 정당하게 존경받아야 하지만, '유럽 기본권'을 이와 같이 도출하는 절차에는 심각하게 불리한 점이 있었다. 즉, 사법재판소는 현재 계속 중인 특정한 사건에 국한된다는 것이었다. 따라서, 재판소는 일반법원칙으로부터 이것이 필요하거나 바람직하다고 보이는 모든 영역에 대한 기본권을 발전시킬 수 없었다. 또한 필요한 만큼 일반적이고 개별적으로 기본권 보호의 범위와 한계를 발전시킬 수도 없었다. 결과적으로 EU기관들은 자신들이 기본권을 침해할 위험에 놓여있는지 여부를 충분히 정확하게 평가할 수 없었다. 또한 모든 사건에서 관계되는 연합시민들은 자기의 기본권이 침해되었는지를 보다 큰 노력 없이는 판단할 수 없었다.

오랫동안 EU의 유럽인권협약에의 가입이 이러한 상황으로부터 벗어나는 하나의 방법으로 간주되었다. 그러나, 재판소는 그 의견 2/94(Opinion 2/94)에서 현행법제하에서는 EU가 동 협약에 가입할 자격이 없다고 판단하였다. 재판소는 인권에 대한 존중은 EU법규범의 적법성의 조건이라고 하였다. 그러나, EU가 협약에 가입한다면, 그것은 협약의 모든 규정들이 연합법질서에 통합되고 EU가 다른 국제기관제도에 가입하는 것을 포함한다는 점에서, 연합의 현행 인권보호제도에 중대한 변화를 초래하게 될 것이다. EU 인권보호제도의 그러한 변경은 연합과 회원국들에게 마찬가지로 기본적 제도의 의미에서 헌법적으로 중요하며, 따라서 TFEU 제352조에서 규정된 처분권한의 범위를 벗어나게 될 것이다. 그로 인해, EU의 협약 가입은 EU조약 제6조 제2항에서 구체적으로 규정되었다. 그러나, 리스본조약으로 인해 EU의 공동헌법의 제정을 위한 결정적인 한걸음을 내디뎠으며, EU에서의 기본권의 보호는 새로운 기반을 마련하게 되었다. EU조약의 새로운 기본권조항(TEU 제6조)은 유럽연합의 기본권헌장을 언급하면서, EU기관들과 회원국들이 연합법을 적용하고 실시하는 한 기본권헌장은 그들의 행위에 대해 구속력을 가진다고 선언한다.

이 기본권헌장은 로만 헤르쪼그 교수가 의장이 되어 16인의 회원국의 국가 또는 정부 수장의 대표 및 유럽위원회 위원장의 대표, 16인의 유럽의회 의원, 30인의 국가 의회의원(당시의 각 회원국으로부터 2인씩)의 회의에서 이전에 작성된 초안을 기초로 하고 있다. 동 헌장은 2000년 12월 7일에 유럽의회, 이사회 및 유럽위원회의 수장들에 의하여 '유럽연합의 기본권헌장'임을 엄숙히 공포되었다. 유럽헌법에 대한 협의가 이루어지고 있는 동안, 이 기본권헌장은 개정되어 2004년 10월 29일의 유럽헌법제정조약의 구성요소가 되었다. 조약의 비준 실패로 인하여, 기본권헌장은 이번에는 별개의 법규범으로 2007년 12월 12일 스트라스부르에서 유럽의회, 이사회 및 유럽위원회의 수장들에 의하여 '유럽연합 기본권헌장'으로 다시 엄숙히 공포되었다. EU조약은 이번 버전의 헌장을 구속적인 형식으로 규정하고 있다. 이로써 기본권헌장은 법적 구속력을 가지며 또한 연합법에 기본권을 적용할 수 있게 된다. 그러나, 폴란드와 영국에는 적용되지 않는다. 이들 두 회원국은 헌장의 기본권제도를 채택할 수 없었거나 채택을 원하지 않았다. 왜냐하면, 이들 국가는 예컨대 종교적 쟁점이나 소수자 대우에 관한 국가의 입장을 포기하거나 적어도 변경하여야 한다는 점을 우려하였기 때문이다. 따라서 이들 국가는 헌장의 기본권에 구속되지 않지만 이전처럼 사법재판소의 판례법에는 구속된다.

제3장 유럽연합의 '헌법'

모든 사회조직은 헌법을 가진다. 헌법은 정치제도의 구조를 규정하고, 다시 말해 각자와 전체에 대한 다양한 부분 간의 관계를 구체화하며, 공동목적을 규정하고, 구속력있는 결정을 하기 위한 규범이 제정되는 수단이다. 따라서 매우 특정한 임무와 기능이 부여된 국가의 연합으로서의 EU의 헌법은 한 국가의 헌법과 동일한 문제에 대한 답변을 할 수 있어야 한다.

회원국들의 정치기구는 두 개의 중요한 원칙, 즉 법의 지배와 민주주의에 의해 형성된다. 따라서, 연합의 모든 활동은 법과 민주주의 기본요건에 충실하려면 연합의 설립요소, 구조, 권한, 운영방식, 회원국 및 그 기관의 지위, 그리고 시민의 지위 등에 있어서 법적 민주적 정당성을 가져야 한다.

2004년 10월 29일의 유럽헌법제정조약의 실패로 인하여, EU '헌법'은 대부분의 회원국 헌법에서와 같이 포괄적인 헌법적 문서로는 아직 제정되지 않았지만, 권한있는 회원국들이 스스로 구속된다고 인식하는 규범과 기본가치의 총합으로부터 생겨난다. 이들 규범은 부분적으로는 EU조약이나 연합기관에 의해 제정된 법규범에서 찾아볼 수 있지만, 부분적으로는 또한 관습에 의존한다.

제1절 EU의 법적 성질

EU의 법적 성질을 고찰함에 있어서는 그 특징을 살펴보는 것부터 시작하여야 한다. EU의 법적 성질은 당시 유럽경제공동체(EEC)와 관련된 1963년과 1964년의 사법재판소의 2개의 선례가 된 판결에서 시작되었지만, 그 판결들은 현재의 유럽연합에도 아직 유효하다.

판 헨트 앤 로스(*VAN GEND & LOOS*)

이 법적 분쟁에서 네덜란드 운수회사인 판 헨트 앤 로스는 독일로부터 수입한 화학제품에 대해 이전 수입관세보다 높은 관세가 부과된 것에 대하여 네덜란드 관세당국을 상대로 소송을 제기하였다. 동 회사는 이러한 행위가 회원국 간에 현행 관세를 인상하거나 새로운 수입관세의 도입을 금지하고 있는 EEC조약 제12조를 위반한 것으로 생각하였다. 그래서, 네덜란드법원은 소송을 정지시키고, EC설치조약의 위 조항의 범위와 법적 의미를 명확히 하기 위하여 사법재판소에 그 문제를 제청하였다.

사법재판소는 본 사건을 EU의 법적 성질에 관한 다수의 기본 성격적 견해를 표명할 기회로 이용하였다. 그 판결에서 재판소는 다음과 같이 판시하였다.

'EEC조약의 목적은 공동시장을 설립하며, 그 기능이 공동체의 이해당사자에게 직접적인 관련이 있기 때문에, 본 조약이 단지 체약국 간의 상호 의무를 생성하는 협정 이상이라는 것을 의미한다. 이러한 견해는 정부에 대해서뿐만 아니라 시민에 대해서도 언급하고 있는 조약의 전문에 의해서 확인된다. 그것은 또한 주권적 권리를 부여받은 기관의 설립과 주권적 권리의 행사에 의하여 회원국과 그 국민이 영향을 받는다는 사실에 의하여 보다 구체적으로 확인된다. … 이로부터 도출되는 결론은 공동체는 비록 제한된 범위 내이기는 하지만 회원국들은 자신들의 이익을 위하여 주권적 권리를 제한하는 국제법의 새로운 법질서를 형성하고 있으며, 회원국뿐만 아니라 그들 국민들도 공동체의 주체를 이루고 있다는 점이다.'

코스타 대 에넬*(COSTA v ENEL)*

바로 1년 후, 코스타 대 에넬 사건에서 사법재판소는 보다 자세하게 그 입장을 밝힐 기회를 가졌다. 본 사례의 사실관계는 다음과 같다. 1962년에 이탈리아는 전력 생산과 배분을 국유화하였고, 전력회사들의 자산을 국가전력위원회인 에넬로 이전하였다. 국유화된 회사들 중 하나인 에디슨 볼트사의 주주로서 코스타 씨는 배당을 박탈당했다고 생각하였고, 따라서 ITL 1 926 전기사용료의 지불을 거부하였다. 밀라노의 중재법원에 계속된 소송에서 코스타 씨가 자신의 행위를 정당화하기 위해 제출한 주장 가운데 하나는 국유화법이 다수의 EEC조약의 규정들을 위반하였다는 것이었다. 코스타 씨가 자기 방어를 위해 제출한 주장을 판단할 수 있기 위하여, 법원은 사법재판소에 EEC조약의 여러 가지 측면의 해석을 제청하였다. 그 판결에서 사법재판소는 EEC의 법적 성질과 관련하여 다음과 같이 판시하였다.

'EEC조약은 일반 국제조약과는 대조적으로 회원국법제도의 구성요소가 되었으며, 회원국법원도 이를 적용하여야 하는 그 자신의 법제도를 창설하였다. 회원국들은 존속기간 무제한의 공동체를 창설하고, 그 자신의 기관들, 그 자신의 인격, 그 자신의 법적 능력과 국제적 차원에서의 대표능력, 그리고 더욱 특별하게 주권의 제한이나 또는 국가로부터 공동체에로의 권력의 이전에서 기인하는 실제 권력을 가짐으로써 자기의 주권적 권리를 제한하고, 그리하여 국민과 자신을 구속하는 법적 기구를 창설하였다.'

재판소는 상세한 논거에 근거하여, 다음과 같은 결론에 이르렀다.

'이들 모든 논거로부터 귀결되는 것은 조약에서 연원하는 법은 독립적인 법원(法源)으로서 특별하고 본래적인 성질로 인하여 공동체법으로서의 성격이 박탈되지 않고, 그리고 공동체 자신이 의문이 제기되고 있다는 법적 근거가 없이는 국내법조항이 아무리 잘 구성되어 있다고 하더라도 그에 의해 우선될 수 없다는 점이다. 회원국들이 국내법제도를 조약에서 발생하는 권리와 의무의 공동체법제도로 전환하는 것은 주권적 권리의 항구적인 제한을 수반하며, 공동체 개념과 양립할 수 없는 그 후의 일방적 법규범은 허용될 수 없다.'

이들 판결의 관점에서 EU의 특별한 법적 성질을 유형화할 때, 그 특징적인 요소들은 다음과 같다.

- EU의 행위가 또한 전체 유럽의 이익이라는 특징을, 즉 목적에서 규정된 바와 같이 연합이익에 반영되거나 그에 의해 영향을 받는다는 것을 보장하는 기관구성

- 다른 국제조직에 비해 훨씬 더 그리고 국가들이 통상적으로

자기의 주권적 권리를 보유하는 분야에 까지 확장하여 이루어진 연합기관에의 권한의 이양

- 회원국 법질서와 독립된 자기의 법질서의 확립

- 연합법규정을 완전하고 획일적으로 모든 회원국들에서 적용가능하게 만들고, 회원국들과 그 국민들 모두에 대해 권리를 부여하고 의무를 부과하는 연합법의 직접 적용가능성

- 연합법은 국가법에 의해 폐지되거나 개정될 수 없으며, 양자가 충돌하는 경우에는 국가법에 대해 우선한다는 것을 보장하는 연합법의 우위

그래서 EU는 그 자신의 주권적 권리를 가진 자주적인 조직체이며, 회원국과는 독립된 법질서이다. 회원국 자신들과 그 국민들은 EU의 권한범위 내에서 EU에 복종하여야 한다.

EU는 그 특성상 통상적인 형태의 국제조직이나 연방형 구조와는 다수의 차이점뿐만 아니라 공통적인 특징을 가지고 있다.

EU 자체는 아직 '완결된 제품'은 아니다. 즉, 그것은 아직 진화 과정에 있으며, 최종적으로 어떠한 형태를 취할지는 아직 예측할 수 없다.

EU도 국제조약의 결과 탄생하게 되었다는 점이 전통적인 국제조직과 공통적으로 가지고 있는 유일한 특징이다. 그러나, EU는 이미

이러한 초기 형태로부터 먼 길을 이동하였다. 왜냐하면, EU설립조약들은 국제조약에 기초하였지만, 그에 의하여 자신의 주권적 권리와 책임을 가진 독립적인 연합을 창설하게 되었기 때문이다. 회원국들은 자기의 주권의 일부를 이 연합에 이전하였다. 게다가, EU에 할당된 임무는 다른 국제조직의 그것과는 매우 다르다. 후자는 주로 기술적 성격의 임무를 명확히 규정하지만, EU는 본질적으로 국가적 속성을 형성하는 책임영역을 가진다.

EU와 전통적인 형태의 국제조직 간의 이러한 차이점을 통하여, EU는 개별국가와 유사한 지위를 획득해가고 있다. 특히, 회원국들이 부분적으로 주권적 권리를 포기한 것은 EU가 이미 연방국가의 노선을 따라서 체계화되었다는 신호로 받아들여졌다. 그러나, 이러한 견해는 EU의 기관들이 일정한 영역에서 조약에 명시된 목적을 추구할 권한을 가지고 있을 뿐이라는 점을 고려하지 않은 것이다. 이것은 EU기관들이 주권국가와 같은 방식으로 자기의 목적을 자유롭게 선택할 수 없다는 것을 의미한다. 또한 EU기관들은 오늘날 현대 국가들이 직면하고 있는 도전들에 대처할 입장에 놓여 있지 않다. EU는 주권국가가 향유하는 포괄적인 재판권을 가지고 있지도 않으며, 새로운 책임영역('재판권에 대한 재판권')을 확립할 권한도 가지고 있지 않다.

따라서, EU는 통상적인 의미에서의 국제조직도 아니고 국가의 연합도 아니며, 그 양자 사이에 존재하는 자주적인 조직체라고 할 수 있다. 법조계에서는 '초국가적 조직'이라는 용어가 현재 사용되고 있다.

제2절 EU의 임무

EU에 위임된 임무 리스트는 한 국가의 헌법질서와 대단히 유사하다. 이것들은 국제조직이 공통적으로 떠맡는 좁게 제한된 기술적 임무가 아니라, 전체적으로 볼 때 국가의 본질적 속성을 형성하는 권한의 영역에 속하는 것들이다.

EU에 위임된 임무 리스트는 매우 광범위하며, 경제적, 사회적 및 정치적 행위에 걸쳐 있다.

경제적 임무는 회원국들의 국가시장을 결합하는 공동시장의 설립을 중심으로 하며, 공동시장에서는 하나의 역내시장에서와 동일한 조건으로 모든 재화와 서비스가 공급되고 판매될 수 있고, 모든 연합시민들은 동일하고 자유롭게 공동시장에 접근한다.

공동시장 창설계획은 1992년까지 역내시장의 완성을 목표로 한 프로그램에 의해 실질적으로 수행되어 왔다. 이 프로그램은 당시 유럽위원회 위원장인 쟈크 들로르에 의해 시작되어 국가 또는 정부 수뇌들에 의해 승인되었으며, 연합기관들이 정상적으로 작동하는 단일시장을 위한 법체계를 성공적으로 수립하였다. 이러한 체계는 현재 회원국의 국내법화 조치에 의하여 크게 내실화되었으며, 그 결과 단일시장은 이미 현실이 되었다. 이러한 단일시장은 특히 EU내에서 여행 중일 때 국경지대에서 신분증 검사가 오래 전부터 중단된 것처럼, 또한 일상생활에서 체감되고 있다.

역내시장은 경제통화동맹에 의해 뒷받침된다.

그러나, 경제정책에서의 EU의 임무는 유럽경제정책을 수립하여 운영하는 것이 아니라, 회원국들의 정책결정이 단일시장의 운영에 부정적인 영향을 주지 않도록 회원국들의 경제정책을 조정하는 것이다. 이러한 목적을 위하여, 회원국들의 예산정책결정이 충족하여야 하는 상세한 기준을 제공하기 위하여 안정성장협약(Stability and Growth Pact)이 채택되었다. 만일 회원국들이 이러한 요건을 충족하지 못하는 경우에 유럽위원회는 경고를 발할 수 있고, 그래도 예산적자가 과도하게 계속되는 경우에 또한 제재를 부과할 수 있다.

통화정책에서의 EU의 임무는 EU에서의 단일 통화의 도입과 중앙집중식 화폐 발행의 통제에 있었으며 현재도 그러하다. 이 영역에서 어느 정도의 성공은 이미 달성되었다. 1999년 1월 1일에 유로는 그러한 목적을 위해 설치된 접합기준(convergence criteria)을 이미 충족한 회원국들의 단일 유럽화폐로서 도입되었다. 이들 국가는 벨기에, 독일, 아일랜드, 스페인, 프랑스, 이탈리아, 룩셈부르크, 네덜란드, 오스트리아, 포르투칼과 핀란드였다. 2002년 1월 1일에 이들 국가의 화폐는 유로은행 지폐와 동전으로 교체되었다. 그 때부터 이들 회원국의 일상에서의 지급과 금융거래는 하나의 화폐인 유로만으로 이루어지고 있다. 그리스와 스웨덴은 처음에는 접합기준을 충족하지 못하였다. 그리스는 2001년 1월 1일에 가입되었다. 스웨덴은 주로 유럽통화제도(유로의 '대기실')의 환율조정체제(exchange rate mechanism)에 가입하지 않았다는 사실로 인하여 기준을 충족할 수 없었는데, 유럽위원회와 유럽중앙은행이 적어도 2년마다 스웨덴에 대한 접합 보고서를 제출할 것과 그러한 경우에 이들 기관은 스웨덴의 이사회 가입을 추천할 수 있다는 점에서 적용제외가 인정되었다. 만일 그러한 추천이 이루어져서 이사회의 승인을 받는다면, 스웨덴은 가입을 거부할 수 없게 될 것이다. 그러나, 현재 스웨덴 국민들 중에서 유로권역 가입을 지지하는 사람들은 소수이다. 2003년 국민투표에서 55.9%가 유로의 도입을 반대하였다. 2005년 12월의 한 조사에서 49%가 아직 반대하였고, 36%가 찬성하였다. 덴마크와 영국과 관련하여서는 사정이 다르다. 이들 국가는 단일화폐 가입기준 준수의 확인절차를 개시할지 여부와 언제 개시할 지에 대한 선택권(opt-out)을 확보하였다. 신입 회원국들은 또한 접합기준을 충족하는 대로 즉시 유로를 국가의 화폐로 채택하여야 한다. 신입 회원국들 중 선택권을 가진 국가는 없으며, 대부분의 신입 회원국은 가능한 한 빨리 유로를 도입하기를 원한다. 슬로베니아(2007년 1월 1일), 사이프러스(2008년 1월 1일), 몰타(2008년 1월 1일)와 슬로바키아(2009년 1월 1일)는 이미 이 기준을 달성하여, '유로권역'-유로를 화폐로 하는 국가들-은 현재 총 16개 회원국으로 확대되었다.*

경제통화정책분야에 더하여, EU가 책무를 떠맡고 있는 그밖의 경제정책분야도 많다. 이들 분야에는 특히 농·어업정책, 운수정책, 소비자정책, 구조조정정책, 연구개발정책, 우주정책, 환경정책, 보건정책, 무역정책과 에너지정책이 포함된다.

사회정책에서 EU는 경제통합의 혜택을 경제활동을 하는 사람들이 체감하게 할 뿐만 아니라, 사회적 차원의 단일시장의 형성을 보장하는 임무를 맡고 있다. 이주노동자를 위한 사회보장제도의 도입이 이러한 출발점 중의 하나이다. 이 제도에서는 복수의 회원국에서 노동을 하기 때문에 다른 사회보장체계에 놓여 있는 노동자들이 사회

역자주 * 2011년 1월 1일에 에스토니아, 2014년 1월 1일에 라트비아가 가입함으로써 2014년 1월 현재 18개국이 되었다.

보장(노령연금, 장애연금, 건강보험, 가족수당, 실업수당)과 관련하여 불이익을 받지 않게 될 것이다. 사회정책의 우선과제는 여러 해 동안 걱정거리가 되어 온 EU의 실업사정 때문에 유럽의 취업전략을 강구할 필요가 있다는 것이다. 이 때문에 회원국들과 EU는 취업전략을 개발하고, 특히 숙련되고 훈련받은 적합한 인력을 늘릴 것이 요청되며, 그 외에 노동시장이 또한 경제변화에 적합하도록 되어야 한다. 취업증진은 공동관심사로 간주되며, 그를 위하여 회원국들은 이사회 안에서 국내조치를 조정할 것이 요구된다. EU는 회원국 상호간의 협력을 강화하고, 필요하다면, 회원국들의 권한을 존중하면서 그들의 조치를 보완함으로써 높은 수준의 취업에 기여할 것이다.

실제 정치분야와 관련하여, EU는 연합시민권, 형사문제에서의 사법 협력과 공동외교안보정책분야에서 임무를 가진다. 연합시민권은 EU내 회원국 국민들의 권리와 이익을 더욱 강화시켜왔다. 시민들은 연합 내에서 자유롭게 이동할 권리(TFEU 제21조), 지방선거에서 투표하고 입후보할 권리(TFEU 제22조), 모든 회원국의 외교영사기관에 의한 보호를 받을 자격(TFEU 제23조), 유럽의회에 청원을 할 권리(TFEU 제24조)와, 그리고 일반적인 차별금지라는 문맥에서 모든 회원국에서 자국민과 동일하게 대우받을 권리(TFEU 제18조와 함께 제20조 제2항)를 누린다. 공동외교안보정책과 관련하여, 특히 EU는 다음과 같은 임무를 가진다.

- EU의 공유 가치, 기본적 이익 및 독립성의 보호
- EU 및 그 회원국들의 안전보장의 강화
- 세계평화의 확보와 국제 안전보장의 증진

- 국제협력의 촉진
- 민주주의 및 법의 지배의 향상과 인권 및 기본적 자유의 보호
- 공동방위의 확립

EU는 개별 국가가 아니기 때문에, 이들 임무는 단계적으로 수행될 수 있을 뿐이다. 전통적으로 외교와 특히 안보정책은 회원국들이 자신들의 (국가)주권으로 유지하고자 하는 민감한 분야이다. 이 분야에서 공동이익을 정의하기 곤란한 또 다른 이유는 오직 프랑스와 영국만이 핵무기를 가지고 있다는 사실이다. 또 다른 문제는 몇몇 회원국들은 NATO나 WEU에 소속되어 있지 않다는 것이다.* 따라서, '공동외교안보정책' 결정의 대부분은 현재 아직도 국가들 간의 협력에 기초하여 이루어지고 있다. 그러나, 그 동안 EU 자신의 권리에 있어서 여러 가지 도구가 등장하였고, 그로 인해 국가 간의 협조에 있어서 공고한 법체계가 이루어졌다.

형사문제의 사법협력분야에서, EU의 주된 역할은 유럽 전체의 이익에 속하는 임무를 수행하는 것이다. 특히, 이러한 것들에는 조직범죄와의 전쟁, 인신매매의 방지 및 범죄의 기소가 포함된다. 조직범죄는 국가차원에서는 더 이상 효과적으로 대처할 수 없기 때문에, EU차원에서의 공동대응이 필요하다. 돈세탁지침과 1998년부터 활동 중인 유럽경찰기구인 유로폴(Europol)(TFEU 제88조)의 창설이라는 두 가지의 적극적인 조치가 이미 취하여졌다. 이러한 협력에는 또한 소송과 판결의 집행에 관련된 협조를 촉진하고 가속화하는 것, 회원국 간에 범죄자의 인도를 촉진하는 것, 범죄행위의 구성요건과

역자주 * WEU는 2011년 6월 30일로 폐지되었다.

조직범죄, 테러, 인신매매와 여성 및 아동의 성적 착취, 불법적인 마약거래 및 무기거래, 돈세탁 및 부패의 분야에서의 벌칙과 관련한 최소한의 규정을 정립하는 것과 관련된다(TFEU 제83조). 2003년 4월의 Eurojust의 창설은 EU사법협력에서 가장 중요한 진전의 하나였다(TFEU 제85조). 헤이그에 본부를 두고 있는 Eurojust는 모든 EU국가들 출신의 치안판사와 검사들로 구성된 팀이다. 국경을 넘는 중대범죄의 수사와 기소에 협조하는 것이 그 업무이다. 이사회는 유럽연합의 재정적 이익에 영향을 미치는 범죄와 싸우기 위해 Eurojust로부터 유럽검찰청을 설치할 수 있다(TFEU 제86조). 2004년 1월부터 EU 전역에 걸쳐 효력을 가지는 유럽체포영장에도 보다 큰 발전이 이루어졌다. 영장은 최저 형벌이 징역 1년 이상의 죄로 고발된 자에 대해서 발부될 수 있다. 유럽체포영장은 시간이 오래 걸리는 범죄자 인도절차를 대체하도록 설계되었다.

1977. 12. 6, 브뤼셀.
1977년 12월 5일과 6일의 유럽이사회 회의기간 동안에 유럽의회와 단일화폐에 대한 보통선거권에 입각한 선거를 찬성하는 데모

제3절 EU의 권한

EU설립조약들은 연합기관들에게 조약 목적의 달성에 필요한 모든 조치를 취할 일반적인 권한을 부여하는 것이 아니라, 행위 권한의 범위를 각 장에서 규정하고 있다. EU와 그 기관들은 법적 근거와 권한에 대해 결정할 권한을 가지고 있지 않는 것이 기본원칙이다. 즉, 특정한 권한 부여의 원칙(TFEU 제2조)은 계속해서 적용된다. 회원국들은 자기들의 권한의 이전이 보다 용이하게 감시되고 통제될 수 있는 것을 보장하기 위하여 이러한 방법을 채택하였다.

특정한 권한의 부여가 적용되는 사항의 범위는 EU에 할당된 임무의 성질에 따라서 다르다. EU에 이전되지 않은 권한은 회원국들의 전속적 권한으로 남아있다. EU조약은 국가안보문제가 회원국들의 전속적 권한에 속한다고 명시적으로 규정하고 있다.

이로 인해 EU와 회원국들 간의 권한의 경계선을 어디로 설정할 것인지의 문제가 자연스럽게 제기된다. 이러한 경계선은 3가지 범주의 권한의 기초 위에 그어진다.

- EU 차원에서의 조치가 조정되지 않은 회원국 차원에서의 조치보다 효과적이라고 생각될 수 있는 분야에서는 EU의 전속적 권한(TFEU 제3조). 이들 분야는 명확하게 설정되고 있으며, 관세동맹, 역내시장의 기능에 필요한 경쟁규칙의 제정, 유로국가들의 통화정책, 공동통상정책과 공동어업정책의 여러 부문이 여기에 속한다. 이들 정책분야에서는 오직 유럽연합만이 법적으로 구속력있는 규범들을 제정하고 채택할 수

있고, 회원국들은 유럽연합에 의해 권한이 부여되거나 유럽연합 법규범의 집행을 위해서만 그렇게 할 수 있다.(TFEU 제2조 제1항)

- 유럽 차원에서의 행동이 회원국에 의한 행동에 대해 가치를 증가시키는 영역에서는 EU와 회원국들 간의 권한의 공유(TFEU 제4조). 역내시장규칙, 경제적, 사회적 및 영토적 결속, 농・어업, 환경, 운송, 범유럽 통신망, 에너지 공급과 자유, 안전보장 및 사법의 영역, 그리고 또한 공중보건 분야에서의 공동안전문제, 연구 및 기술 개발, 우주, 개발협력과 인도적 지원에 대해서도 권한을 공유한다. EU는 이들 모든 영역에서 먼저 권한을 행사할 수 있지만, 모든 정책영역이 아니라 오직 관련 EU법규범에서 규정된 사항에 대하여서만 그러하다. 회원국들은 EU가 행사하지 않았거나 행사를 중지하기로 결정한 범위의 권한에 대해서만 행사한다(TFEU 제2조 제2항). 후자의 상황은 관련 EU기관들이 법규명령을 폐지하기로 결정한 경우, 특히 보충성 및 비례성의 원칙을 존중하기로 결정한 경우에 발생한다. 이사회는 하나 또는 그 이상의 회원국의 발의에 따라 유럽위원회가 법규명령 폐지안을 제출할 것을 요청할 수 있다.

- 지원행위를 할 권한(TFEU 제6조). 지원행위를 할 EU의 권한은 회원국들의 행위에 대해 조정하거나 보충적 행위를 제공하는 것으로 제한된다. 즉, EU는 관련분야에서 국가법을 조화시킬 수 없다.(TFEU 제2조 제5항) 따라서, 법률 입안에 대한 책임은 계속해서 회원국에 있으며, 그로 인해 회원국들은 상당한 입법의 자유를 가진다. 이러한 범주의 권한이 커버하

> 는 영역은 인간 건강의 보호 및 증진, 산업, 문화, 관광, 교육, 청년, 스포츠 및 직업훈련, 민간보호와 행정협력이다. 회원국들은 EU내에서 고용 및 경제정책 분야의 국가조치들을 조정할 필요성을 명백히 인정한다.

경제 · 고용정책의 조정과 공동외교안보정책 분야에서의 EU의 권한은 이들 세 개의 범주에 해당하지 않기 때문에, 이들 일련의 권한에 속하지 않는다는 것에 주목하여야 한다. 그러나, EU의 공동외교안보정책은 회원국의 외교정책과 세계에서의 국가지위에 영향을 미치지 않는다는 선언이 이루어졌다. 이들 특별한 행위권한에 더하여, 단일시장의 운용이나 또는 왜곡되지 않은 경쟁의 확보를 위하여 필요한 때, 연합조약들은 또한 기관들에게 행위권한을 부여한다(TFEU 제352조 참조 – 처분권한 또는 탄력성 조항). 그러나, 이들 조문은 기관들에게 조약에서 규정된 목적 범위 밖의 임무를 수행할 수 있는 어떠한 일반적인 권한도 부여하지 않으며, 연합기관들은 회원국들의 권한을 침해할 정도로 자신들의 권한을 확대할 수 없다. 실제로는 이러한 권한의 행사 가능성들이 과거에 매우 자주 이용되었다. 왜냐하면, EU는 설립조약이 체결된 당시에는 예상하지 못하였고, 따라서 그에 대한 적절한 권한이 조약에 부여되지 않은 새로운 과제들에 몇 번이고 반복하여 직면하였기 때문이다. 그러한 예로서는 환경 및 소비자의 보호를, 또는 EU의 개발지역과 저개발지역 간의 간극을 메우는 수단으로서의 유럽지역개발기금의 설치를 들 수 있다. 그러나, 현재 상기의 분야에는 특별관할권이 부여되었다. 이들 특별규정은 처분권한의 실제적 중요성이 대단히 감소하였다는 것을 의미한다.

이들 권한의 행사에는 유럽의회의 승인이 필요하다. 마지막으로,

이미 명시적으로 수여된 권한의 효과적이고 의미있는 집행을 위해 필수적인 조치를 취하기 위한 권한이 또한 있다(묵시적 권한). 이들 권한은 대외관계의 행위에서 특별한 의미를 획득하였다. 이들 권한에 의해 EU는 자신에게 위탁된 일련의 임무에 해당하는 분야에서 비회원국들이나 다른 국제기구들에 대한 의무를 떠맡을 수 있다. 그러한 단적인 예로서 사법재판소가 판결한 크레이머사건(Kramer case)을 들 수 있다. 이 사건은 어획량 할당에 있어서 국제조직들과 협력하고, 적절하다고 간주되는 경우에 국제법에 따라 그 사안에 관한 의무를 떠맡을 EU의 자격과 관련된 것이었다. 조약에는 특별조항이 없었기 때문에, 사법재판소는 공동농업정책 하에서의 어업정책에 대한 내부권한으로부터 EU의 필요한 대외적 권한을 도출하였다.

그러나, EU가 이러한 권한을 행사함에 있어서는 보충성의 원칙에 의해 규율된다. 보충성의 원칙은 로마카톨릭 사회이론에서 유래한 것으로, EU조약(제5조 제3항)에서 구현됨으로써 사실상 헌법적 지위를 획득하였다. 이 원칙에는 두 가지 측면이 있다. 즉, 추구하는 목적들이 연합차원에서 보다 잘 달성될 수 있는 경우에 EU는 행위하여야 하고, 그로 인해 EU의 권한이 강화된다고 하는 긍정적인 측면과 회원국들의 개별적 행위에 의해 목적이 만족스럽게 달성될 수 있는 경우에 EU는 행위하여서는 안되며, 그로 인해 EU의 권한이 억제된다고 하는 부정적인 측면이 그것이다. 이것이 실제 의미하는 것은 모든 연합기관들, 특히 유럽위원회는 공통규범과 공통행위가 실제 필요함을 입증하여야 한다는 것이다. 몽테스키외에 비유하자면, EU가 행위를 할 필요가 없을 때, EU는 어떠한 행위도 해서는 안된다는 것이 필요하다. 연합규범의 필요성이 입증되면, 생겨나는 다음 질문은 EU기관들이 취해야 할 정도와 형태와 관련된다. 그 해답은 유럽연합 사법재판소의 결정들을 통하여 연합법이 되었으며, 현재는 권한조항(제5조 제4항)과 관련하여 EU조약에 규정되어 있는 비례성의 원칙으로부터 나온다. 그것은 특정한 법규범의 필요성에 대하여 동일한 결과를 얻는 덜 억압적인 수단이 있는지 여부를 조사하여 철저히 평가되어야 한다는 것을 의미한다. 일반적인 의미에서 이르게 되는 주된 결론은 구조입법, 최소한 기준 및 회원국들의 현존하는 기준의 상호 인식이 지나치게 상세한 법조항보다 항상 우선하여여야 한다는 것이다.

국가의회들은 또한 현재 보충성 및 비례성 원칙의 준수 여부를 체크할 수 있다. 이러한 목적을 위하여, 조기경보시스템이 도입되어, 국가의회들은 입법안의 송부로부터 8주 이내에 이유를 붙인 입장을 발할 수 있고, 당해 입법안이 보충성 및 비례성 요건을 충족하지 못한 이유를 공표할 수 있다. 이러한 이유를 붙인 입장은 국가의회에 할당된 표수의 최소한 3/1에 의해 지지를 받으면(각 국가의회는 2표를 가지나, 양원제도의 경우에는 각 원 별로 1표를 가진다), 입법안은 그것을 제출한 기관(보통은 유럽위원회)에 의해 다시 심사되어야 한다. 이러한 심사를 거쳐, 입법안은 유지, 개정 또는 철회될 수 있다. 만일 유럽위원회가 그 법안을 유지하기로 결정한다면, 유럽위원회는 그 법안이 보충성 원칙을 따른 것으로 간주하는 이유를 기술한 이유를 붙인 의견을 발표하여야 한다. 이러한 이유를 붙인 의견은 국가의회의 이유를 붙인 의견과 함께 EU 입법자에게 송부되어, 그것들은 입법절차에서 고려될 수 있다. EU 이사회의 구성원 55%의 다수 또는 유럽의회에서의 다수의 투표수에 의해 EU 입법자가 그 입법안은 보충성원칙과 일치하지 않는다는 의견이라면, 입법안은 더 이상 심사되지 않는다.

제4절 EU의 기관

TEU 제13조(기관 구조)

1. 연합은 그 가치를 증진시키고, 그 목적들을 발전시키며, 연합, 연합시민들 및 회원국들의 이익에 이바지하고, 연합 정책 및 행위의 일관성, 효율성 및 지속성을 확보하는 것을 목표로 하는 기관 구조를 가져야 한다.

연합의 기관들은 다음과 같다.

- 유럽의회
- 유럽이사회
- 이사회
- 유럽위원회(이후로 '위원회'라 한다)
- 유럽연합 사법재판소
- 유럽중앙은행
- 회계법원

2. 각 기관은 조약이 그 기관에 부여한 권한의 범위 내에서, 그리고 그 조약에 규정된 절차, 조건 및 목적들과 부합되게 행위하여야 한다. 기관들은 상호 성실히 협력하여야 한다.

3. 유럽중앙은행 및 회계법원과 관련된 규정들과 그밖의 기관들에 대한 상세한 규정들은 유럽연합운영조약에서 규정된다.

4. 유럽의회, 이사회 및 유럽위원회는 자문기능을 하는 경제사회위원회 및 지역위원회의 조력을 받아야 한다.

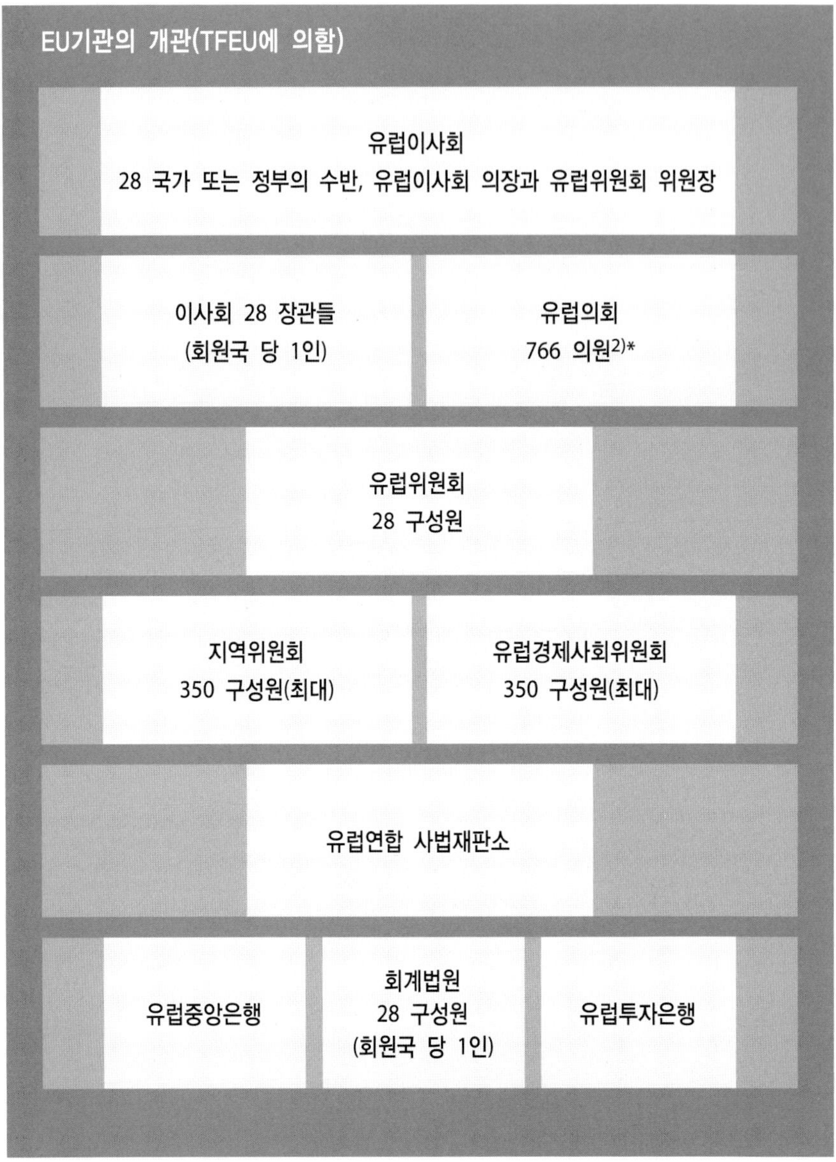

---

2) 리스본조약이 2009년 12월 1일에 발효되면서, 의원수가 일시적으로 754인으로 증가되었다. 그러나 최대 751인은 2014년 다음선거까지는 회복되어야 한다.

역자주 * 2013년 7월 1일 크로아티아의 가입으로 의원의 숫자는 현재 766인으로 증가되었다.

회원국	이사회 투표수	유럽의회 의석수
독일	29	99
프랑스	29	78
이탈리아	29	78
영국	29	78
스페인	27	54
폴란드	27	54
루마니아	14	35
네덜란드	13	27
벨기에	12	24
체코	12	24
그리스	12	24
헝가리	12	24
포르투칼	12	24
스웨덴	10	19
불가리아	10	18
오스트리아	10	18
덴마크	7	14
슬로바키아	7	14
핀란드	7	14
아일랜드	7	13
리투아니아	7	13
크로아티아	7	12
라트비아	4	9
슬로베니아	4	7
에스토니아	4	6
사이프러스	4	6
룩셈부르크	4	6
몰타	3	5

유럽연합의 구성과 관련하여 발생하는 또 하나의 문제는 그 조직에 관한 것이다. 연합의 기관들은 무엇일까? EU는 국가들이 일반적으로 보유하는 기능들을 수행하기 때문에, 우리가 회원국들에서 친숙한 것들과 같은 정부, 의회, 행정기관 및 재판소를 가질까? EU에 부과된 임무와 통합절차의 방향에 대한 행동은 의도적으로 회원국들이나 또는 국제협력에 맡겨놓지 않았다. EU는 유럽의 통일에 새로운 자극과 목적들을 주고, 그 책임에 속하는 문제들에서 모든 회원국들에 통일된 구속력을 갖는 법체계를 창설하기 위해 EU에 설치되는 기관제도를 가지고 있다.

EU기관제도에서의 주역들은 EU기관들－유럽의회, 유럽이사회, 이사회, 유럽위원회, 유럽연합 사법재판소, 유럽중앙은행 및 회계법원－이다. EU의 기관제도에서의 보조기관은 유럽투자은행, 유럽경제사회위원회 및 지역위원회이다.

Ⅰ. 기관(THE INSTITUTIONS)

1. 유럽의회(TEU 제14조)

유럽의회는 EU 회원국들의 인민을 대표한다. 유럽의회는 ECSC 합동의회(Joint Assembly), EEC 의회 및 Euratom 의회의 결합이다. 이것들은 유럽공동체에 공통되는 일정한 기관들에 관한 1957년 협약에 따라서 '의회'(assembly)를 구성하기 위하여 통합되었다(the 1957 Convention on Certain Institutions Common to the European Communities)('제1차 합병조약'). 이름이 공식적으로 '유럽의회'로

바뀐 것은 EC조약이 유럽연합조약에 의해 개정된 후였다. 그러나, 이러한 조치는 1958년에 의회 스스로 '유럽의회'라고 이름을 바꾼 때부터 이미 널리 사용되던 것을 단지 반영하였을 뿐이었다.

(1) 구성 및 선거

2009년 12월 1일 리스본조약의 발효 이후, 유럽의회의 의석은 754석이다.* 이것은 TEU(제14조 제2항)에서 규정하고 있는 최대 751석을 초과하는 것이지만, 6월에 선출된 유럽의회의원들이 의석을 상실할 수 없기 때문에 2009－2014년 의원 임기 동안은 허용되어야 한다. 그러나, 의원 최대정수는 2014년에 실시되는 다음 선거에서 준수되어야 한다. 인구가 많은 회원국 출신의 의원은 인구가 적은 국가 출신의 의원보다 많은 시민들을 대표하지만, 인구가 적은 국가가 인구가 많은 국가보다 더 많은 의석을 차지하지 않도록 하기 위하여, 이들 의석은 회원국들에 배분된다. 일반적으로 회원국당 최소의석수는 6석이며, 최대의석수는 96석이다. 그러나, 최근의 리스본조약의 발효로 인해, 2009－2014년 의원 임기 동안 독일에 대해 예외가 만들어져, 독일이 99석을 차지하는 것이 허용되었다.(2009년 6월에 선출된 의원들은 리스본조약의 발효로 인해 의석을 상실할 수 없다.)

정확한 구성은 이사회에 의해 아직 결정이 되지 않은 상태이다. 이것은 2009년 6월에 유럽의회 직접선거에 대해 적시에 이루어졌어야 했다. 그러나, 2009년 6월 선거에서는 아직 리스본조약이 발효하지 않았기 때문에, 유럽의회의 구성에 관한 새로운 규정은 2009－

역자주 * 2013년 7월 1일 크로아티아의 가입에 의해 현재 유럽의회 의원은 766인이다.

2014년 임기에 대해서는 적용될 수 없었다. 대신에, 불가리아와 루마니아의 가입으로 인한 의석의 배분이 이들 유럽의회선거에 적용되었다. 2009년 12월 1일 리스본조약의 발효에 의해, 새로운 의원들이 12개 회원국들로부터 18인이 증가하여, 의원 수는 754인이 되었다.*

유럽의회의 구성은 아래 도표에서 보는 바와 같다. 이것은 현재의 2009－2014년 임기의 상황이다.** 리스본조약에 의해 일어난 변화가 표시되었다.

의장
부의장 14인
재무관 6인(자문)

의장, 부의장과 재무관들이 집행부를 구성하는데, 이들은 2년 반 임기로 의회에 의해 선출된다. 또 다른 기관인 대표회의에는 또한 정치단체의 대표가 포함된다. 이것은 의회업무의 편성과 다른 EU기관들 및 비연합기관들과의 관계를 책임지고 있다.

역자주 * 2013년 7월 크로아티아의 가입으로 유럽의회 의원수는 766인이다.
** 도표는 크로아티아의 가입 이후를 나타낸다.

의회본회의(766의원)

회원국	유럽의회 의석수
독일	99
프랑스	72+2
이탈리아	72+1
영국	72+1
스페인	50+4
폴란드	50+1
루마니아	33
네덜란드	25+1
벨기에	22
체코	22
그리스	22
헝가리	22
포르투칼	22
스웨덴	18+2
불가리아	17+1
오스트리아	17+2
덴마크	13
슬로바키아	13
핀란드	13
아일랜드	12
리투아니아	12
크로아티아	12
라트비아	8+1
슬로베니아	7+1
에스토니아	6
사이프러스	6
룩셈부르크	6
몰타	5+1

1979년까지는 유럽의회의 대표들이 국가의회의 의원들로부터 선출되어, 그들이 유럽의회에 대표로 파견되었다. 회원국 국민에 의한 유럽의회의원의 직접·일반선거는 조약 자체에서 규정되어 있었지만, 초기의 다수의 발의가 성과를 거두지 못하였고, 1979년 6월까지는 직접선거가 이루어지지 못했다. 현재 선거는 5년마다 실시되고 있는데, 이것은 '의원 임기'의 기간에 상응하는 것이다. 수십 년 간의 노력 끝에, 1976년 9월 20일, 통일선거절차가 직접·보통선거에 의한 유럽의회의 대표선거에 관한 법에 의해 마침내 도입되었다. 동 법이 가장 최근에 개정된 것은 2002년 6월 25일과 9월 23일의 이사회 결정에 의한 것이다(**직접선거법**으로 알려져 있다). 동 법에 따라서, 각 회원국은 자국의 선거절차를 규정하지만, 동일하게 기본적인 민주적 규정을 적용하여야 한다. 즉, 직접일반선거, 비례대표제, 자유·비밀투표, 최저연령(투표권에 대해서는 오스트리아를 제외한 모든 회원국들이 18세이다. 오스트리아는 16세로 낮추었다.), 재선 가능한 5년 임기, 겸직 금지(유럽의회의원들은 동시에 두 개의 공직, 예컨대, 판사, 검사, 장관을 보유할 수 없다. 또한 자국의 법에 따라야 하는데, 자국법은 하나 이상의 직위나 공직을 더욱 제한할 수 있다.), 선거일과 남녀평등. 몇몇 국가들(벨기에, 그리스와 룩셈부르크)에서 투표는 의무적이다. 게다가, 유럽의회의원에 대한 제정법이 2009년 7월 14일에 시행되었다. 이 신법은 유럽의회의원들의 직무조건을 더욱 투명하게 하고, 명확한 규칙들을 포함하고 있다. 신법은 또한 EU예산으로부터 지급되는 모든 유럽의회의원들의 통일적인 급여제를 도입하고 있다.

의회는 직접 선출되기 때문에 민주적 정당성을 누리며, EU회원국들의 시민들을 대표한다고 진정으로 주장할 수 있다. 그러나, 단지 직접 선출된 의회가 존재한다고 해서 민주적 헌법의 기본요건이 충족될 수 없다. 민주적 헌법의 기본요건이란 모든 공권력이 인민들로부터 나와야 한다는 것이다. 그것은 의사결정절차가 투명하여야 하고, 의사결정기관은 대표적이어야 함을 의미하는 것만은 아니다. 그뿐만 아니라, 의회통제가 필요하며, 의회는 의사결정절차에 관여된 연합기관들에 정당성을 부여하여야 한다. 근래 몇 해 동안 이 분야에서 커다란 발전이 이루어졌다. 의회의 권리는 지속적으로 확장되었고, 리스본조약은 EU행위에 대해 대표민주주의 원칙의 준수의무를 명시적으로 규정하였다. 결과적으로, 모든 연합시민들은 의회에서 직접 대표되며, EU의 민주적 생활에 적극적으로 참가할 자격이 부여된다. EU차원에서의 결정들이 시민들에게 가능한 한 공개되고 긴밀하게 이루어져야 한다는 것이 대표민주주의 원칙의 근본 목적이다. EU 차원의 정당들은 유럽의 정체성의 형성에 기여하여야 하고, 연합시민들의 뜻을 대변하여야 한다. EU의 현재의 민주주의 모델에 결함이 있다면, 그것은 의회민주주의에서의 진정한 의회들과는 달리 유럽의회는 의회에 대해 책임을 지는 정부를 선출하지 않는다는 것이다.

TEU 第10조(대표민주주의)

1. 연합의 기능은 대표민주주의 위에 설립되어야 한다.

2. 시민들은 연합 차원에서 유럽의회에 의해 직접 대표된다.

회원국들은 그들 국가 또는 정부의 수반에 의해 유럽이사회에서 대표되고, 그들의 각료들에 의하여 이사회에서 대표되며, 자국의 국가의회나 시민들에게 민주적으로 책임을 진다.

3. 모든 시민들은 연합의 민주적 생활에 참가할 권리를 갖는다. 결정은 가능한 한 시민들에게 공개되며 긴밀하게 이루어져야 한다.

4. 유럽 차원의 정당들은 유럽 정치의식의 형성과 연합시민들의 의사표현에 기여한다.

그러나, 이러한 결함의 이유는 간단히 말하자면 일반적 의미의 정부가 EU차원에서 존재하지 않기 때문이다. 그 대신에, 연합조약들에 규정된 정부에 유사한 기능들이 분업의 형태에 따라서 이사회와 유럽위원회에 의해 수행되고 있다. 그럼에도 불구하고, 리스본조약은 유럽이사회의 권고에 따라 유럽위원회 위원장의 의회에 의한 선출에서부터 집행이사에 대한 의회의 동의 투표에 이르기까지 의회에 광범위한 권한을 부여하였다('수여권'). 그러나, 의회는 이사회의 구성원들에 대해 별다른 영향력을 가지지 않는다. 이사회 구성원들은 회원국 장관으로서 회원국 의회에 대해 책임을 진다는 점에서만 의회의 통제에 복종한다.

EU 입법절차에서 유럽의회의 역할은 매우 증가되었다. 공동결정절차를 일반입법절차 차원으로 격상시킴으로써, 유럽의회는 사실상 이사회와 함께 '공동입법자'로 변화되었다.

일반입법절차에서, 의회는 여러 독회에서 입법 개정을 추진할 수 있을 뿐만 아니라, 일정한 범위 내에서 그러한 입법 개정을 이사회로 하여금 받아들이게 할 수 있다. 연합입법은 이사회와 유럽의회의 합의 없이는 통과될 수 없다.

의회는 또한 전통적으로 예산절차에서 중요한 역할을 한다. 리스본조약은 유럽의회의 예산권한을 더욱 확대시켜, 의회는 다년간 재정계획을 승인하고, 모든 지출(의무적 및 비의무적 지출은 더 이상 구별되지 않는다)에 대한 공동결정권을 가지도록 규정하였다.

의회는 공동결정의 대상인 분야에 관한 모든 중요한 국제협정과, 입회조건을 규정하고 있는 신입 회원국들과 체결된 가입조약들에 대한 동의권을 갖는다.

유럽의회의 감독권도 또한 시간이 지남에 따라 대단히 강화되었다. 감독권의 행사는 유럽위원회가 의회에 책임을 지며, 의회에 대해 의안을 방어하고, 토론을 위해 EU활동에 대한 연간보고서를 의회에 제출하여야 한다는 사실을 통해 주로 이루어진다. 의회는 3분의 2 다수결로 불신임 동의안을 통과시킴으로써 유럽위원회를 하나의 기관으로서 사퇴시킬 수 있다(TFEU 제234조). 지금까지 불신임동의안이 의회에 몇 차례 제출된 적은 있었지만, 아직까지 요구된 다수결의 근처에까지 간 적은 한 번도 없었다. 1999년의 잔터(Santer) 위원회의 사퇴는 재정관리와 관련하여 의회가 그에 대한 처리를 거부한 것이 발단이 되었다. 불신임 동의안은 비록 적은 차이이기는 했지만 성공하지 못했다. 실제에 있어서 이사회는 또한 의회의 질의에 답변하기 때문에, 의회는 2개의 주요기관들과 직접적으로 정치적 논쟁을 할 기회를 갖는다. 의회의 이들 감독권은 그 후 더욱 강화되었다. 또한 현재 공동체법의 위반이나 행정의 과오를 구체적으로 조사할 특별조사위원회의 설치권한을 부여받았다. 이러한 종류의 위원회는 예컨대 영국의 '광우병'에 대한 늑장대응에 대한 유럽위원회 책임의 조사에 사용되었는데, 그러한 늑장대응은 또한 인간의 생명과 건강에 대한 위협을 나타낸 것이었다. 또한 자연인이나 법인의 의회에 대해 청원을 제기할 권리가 조약들에 규정되었고, 이것은 상임의 청원위원회가 취급하고 있다. 마지막으로, 의회는 또한 옴부즈맨을 임명할 권한을 사용한다. 사법재판소를 제외한 연합 기관이나 기구들의 행정의 과오에 관한 고충이 있는 경우에 옴부즈맨에게 제기할 수 있다. 옴부즈맨은 조사를 할 수 있고, 그러한 행위를 한 관련 기관이나 기구에게 통지하여야 하며, 그 조사의 결과에 관한 보고서를 의회에 제출하여야 한다.

(2) 직무절차

의회의 직무를 규율하는 기본규범들은 절차규범에서 규정된다.

유럽의회의원들은 정치단체를 결성한다. 연합기관으로서의 의회의 지위를 고려하면, 이것들은 국경선을 가로지르는 연합수준의 정치그룹이다.

의회는 8월을 제외하고 한 달에 한 번 스트라스부르에서 1주일 기간의 본회의를 개최한다. 추가회의가 특히 예산과 관련하여 또한 개최될 수 있다. 단기 회의(하루 또는 이틀 동안의)는 브뤼셀에서 개최된다. 마지막으로, 긴급회의가 중요한 현안문제를 다루기 위해 소집될 수 있으며, 중요한 사안(예컨대, 연합문제, 국제문제, 인권 침해)에 대해 지체 없이 의회의 입장을 공표할 수 있게 한다. 모든 본회의는 일반에게 공개된다.

유럽의회내의 정치그룹[3)*]

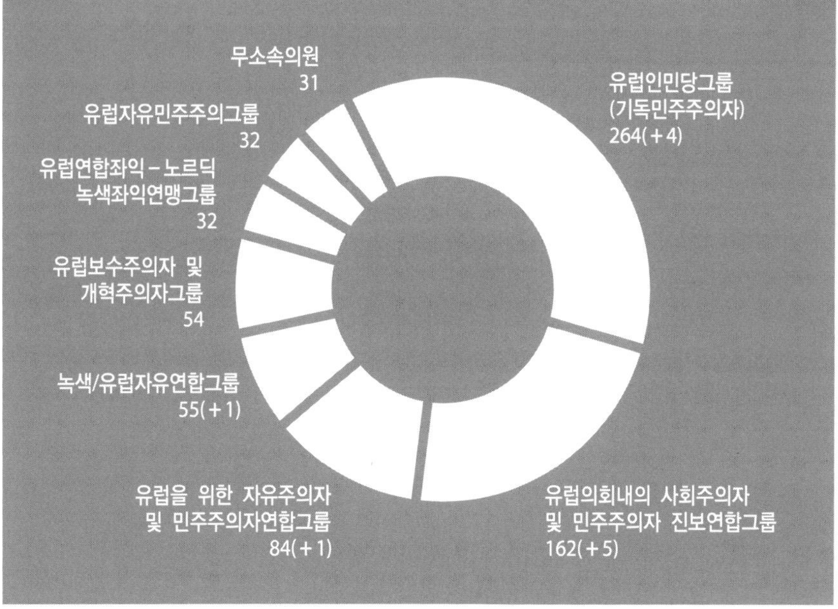

(3) 의사결정절차

결정에 대해서는 보통 절대다수의 투표로서 충분하다. 그러나, 의회의 중요성이 증가함에 따라서, 유럽의회의원들의 출석과 관련하여 보다 엄격한 요건이 부과되었다. 모든 결정은 의회 구성원들의 절대다수의 지지를 받을 경우에만 채택될 수 있다. 마지막으로, 유럽위원회에 대한 불신임 동의는 유럽의회의원들의 다수의 지지를 받아야 할 뿐만 아니라, 투표수 3분의 2 이상의 찬성을 요구한다.

---

3) 리스본조약의 발효에 따라 18의원이 정치그룹에 추가적으로 할당되었다. 그러나, 프랑스, 이탈리아, 폴란드 및 영국으로부터 7의원이 아직 선출되지 않았다.

역자주 * 2013년 7월 크로아티아 가입이후, 유럽의회내 각 정치그룹의 의원수 분포는 다음과 같다(유럽인민당그룹부터 시계방향순). 274, 195, 85, 58, 56, 35, 33, 30(총 766인)

유럽의회의 상임위원회
외교위원회(인권소위원회와 안보 · 방위소위원회가 있음)
개발위원회
국제무역위원회
예산위원회
예산통제위원회
경제 · 통화위원회
고용사회문제위원회
환경 · 공중보건 및 식품안전위원회
산업 · 연구 및 에너지위원회
역내시장 및 소비자보호위원회
운송 · 관광위원회
지역발전위원회
농업 및 농촌발전위원회
어업위원회
문화 · 교육위원회
법사위원회
시민자유 · 정의 및 내무위원회
헌법문제위원회
여성권리 · 성평등위원회
청원위원회

(4) 소재지

유럽이사회는 의회의 소재지를 스트라스부르에 두는 것으로 결정하여, 30년 동안 지속되어 온 협정에 의한 임시적 지위를 종결했다. 본회의는 스트라스부르와 브뤼셀에서 개최되고, 정치단체 및 위원회의 회의는 의회의 회기가 아닌 기간 동안에는 브뤼셀에서 개최되며, 의회사무처는 룩셈부르크에 위치한다는 것이 관행으로 확립되었다.

12번의 월례 본회의는 스트라스부르에서 개최되어야 한다는 조건에 따라서, 이사회는 기관들의 소재지에 대해 이러한 배치의 타당성을 결정하였다. 이러한 결정으로 인해, 유럽의회의원과 의회간부들 및 직원들이 스트라스부르, 브뤼셀과 룩셈부르크를 오가야 함으로써 대단히 비싼 대가를 치러야 하는 불만족스런 결과를 낳았다.

2. 유럽이사회(TEU 제15조)

유럽이사회는 국가 또는 정부의 EU 수장들의 정상회담으로부터 발전하였다. 1974년 12월 파리정상회담에서 매년 3회씩 회의가 개최되고, 유럽이사회로 표시하기로 결정되었다. 그 때부터 유럽이사회는 유럽연합의 독립기구로 되었다(TEU 제13조).

국가 또는 정부의 수반들과 유럽위원회 위원장은 반년마다 최소한 두 번은 만난다. 논의 중인 문제들과 관련하여 필요한 경우에, 유럽이사회의 구성원들은 자신들의 업무를 돕기 위해 장관(유럽위원회 위원장의 경우에는 유럽위원회의 한 구성원)의 조력을 구할 것을 결정할 수 있다(TEU 제15조 제3항).

리스본조약은 유럽이사회 의장[4]의 직을 창설하였다. 유럽이사회 의장은 지금까지의 의장과는 달리 2년 반 동안 상근으로 국가가 아닌 유럽연합의 권한을 행사하게 된다. 의장으로 임명된 사람은 훌륭한 인품을 가져야 하며, 유럽이사회 구성원들의 특정다수결 투표에 의해 선출된다. 재선은 1회 가능하다. 의장의 직무는 유럽이사회 회

4) 헤르만 판 롬파이(당시 벨기에 수상)는 유럽이사회의 초대 의장으로 지명되었으며, 2009년 12월 1일에 취임하였다.

의의 준비 및 사후처리와 외교안보정책 분야의 국제정상회담에서 EU를 대표하는 것이다.

유럽이사회 자체의 실제 역할은 EU 행위를 위한 일반정책가이드라인을 수립하는 것이다. 유럽이사회는 기본정책결정을 내리고, 이사회 또는 유럽위원회에 지시와 가이드라인을 발함으로써 그러한 역할을 수행한다. 유럽이사회는 경제통화동맹, 유럽통화제도, 의회의 직접선거와 다수의 가입문제를 이런 식으로 처리하여 왔다.

3. 이사회(TEU 제16조)

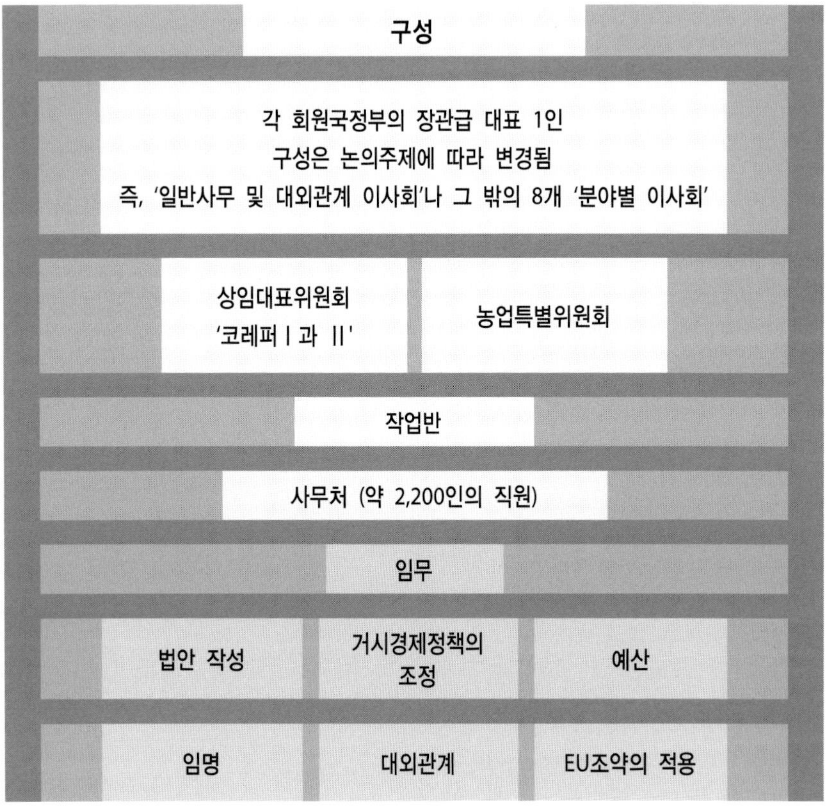

(1) 구성 및 의장국

이사회는 회원국 정부의 대표로 구성되어 있다. 모두 28개 회원국들은 한 명의 대표－꼭 그러한 것은 아니지만 일반적으로 쟁점이 되는 사안의 소관 장관이나 차관－를 파견한다. 이들 대표는 각자 정부에 대한 구속력 있는 행위를 할 권한이 부여된다는 점이 중요하다. 정부들이 여러 가지 방식으로 대표될 수 있다는 사실은 이사회의 상임 구성원들이 없다는 것을 분명하게 의미한다. 그 대신에, 이사회에 참석하는 대표들은 논의 중인 주제에 따라서 9개의 다른 이사회 배치로 만난다. 이것들은 (1) '일반사무 및 대외관계 이사회' : '일반사무이사회'로서 본 이사회는 여러 가지 배치로 이사회의 업무를 조정하고, 유럽이사회 의장 및 유럽위원회와 함께 유럽이사회 회의를 준비한다. '외교이사회'로서 본 이사회는 유럽이사회의 전략적 가이드라인에 따라 EU의 외국에서의 행위를 다루며, EU 행위의 지속성 및 일관성을 보장한다. '일반사무 및 대외관계 이사회'는 외무장관들로 구성된다. 그 일반사무 회의는 집권중인 의장국이 주재하고, 외교에 관한 회의는 연합외교안보정책 고위대표(High Representative of the Union for Foreign Affairs and Security Policy)가 주재한다. 관련분야를 소관하는 회원국들의 장관들이 참석하는 다른 8개의 이사회 형태가 있다. 즉, (2) '경제 및 재정문제'(일반적으로 에코핀이사회 〈Ecofin Council〉로 알려짐), (3) '사법 및 내무 분야에서의 협조', (4) '고용, 사회정책, 건강 및 소비자 문제', (5) '경쟁력', (6) '운송, 통신 및 에너지', (7) '농업 및 어업', (8) '환경'과 (9) '교육, 청년 및 문화'.

이사회 의장국－연합외교안보정책 고위대표가 주재하는 외무장관이사회를 제외－은 6개월마다 돌아가며 각 회원국이 맡는다. 의장직

1979. 7. 20, 스트라스부르.
시몬느 베일이 보통선거로 선출된
최초의 유럽의회 의장이 된다.

을 맡는 순서는 이사회에서 전원일치로 결정된다. 의장국은 매년 1월 1일과 7월 1일에 바뀐다(2008-슬로베니아와 프랑스 ; 2009-체코공화국과 스웨덴 ; 2010-스페인과 벨기에 ; 2011-헝가리와 폴란드 ; 2012-덴마크와 사이프러스 ; 2013-아일랜드와 리투아니아 등). 이와 같이 상당히 빠른 '교체'를 고려하여, 각 의장국은 다음 순서의 두 개 의장국들과 합의하고, 따라서 18개월 동안 유효한 업무계획에 근거하여 활동을 한다('팀 의장국'). 의장국은 주로 이사회 업무의 전반적인 조정과 위원회들이 제공하는 평가(input)를 담당한다. EU의장국을 맡는 회원국은 세계무대에서 높아진 역할을 누리며, 특히 작은 회원국들은 '주전선수들'과 교제를 하고 유럽정치에서 성공할 기회가 주어진다는 점에서, 의장국은 또한 정치적 의미에서도 중요하다.

이사회의 소재지는 브뤼셀이다.

(2) 임무

이사회의 가장 우선적인 임무는 입법이며, 공동결정절차에서 의회와 함께 수행한다. 이사회는 또한 회원국들의 경제정책들의 조정을 확보할 책임이 있다. 이사회는 또한 유럽위원회로부터 넘어온 예산안에 기초하여 예산을 수립한다. 다만, 여기에는 아직 의회의 승인이 남아 있다. 나아가, 이사회는 예산의 집행과 관련하여 유럽위원회에 대한 면책을 할 것을 의회에 권고할 수 있고, 회계법원, 유럽경제사회위원회 및 지역위원회의 구성원들을 임명할 책임이 있다. 이사회는 또한 EU와 비회원국들 또는 국제조직들과의 협정 체결에 대해 책임이 있다.

(3) 직무절차

이사회의 직무절차는 절차규범들에 자세히 규정되어 있다. 실제로 이사회의 활동들은 기본적으로 다음과 같은 3단계로 구성되어 있다.

1) 이사회 회의의 준비

이사회 회의의 준비업무는 이사회 조직구조 내의 2개의 상설기구인 상임대표위원회와 사무국에 의해서 수행된다. 상임대표위원회는 프랑스어 명칭인 Comité des représentants permanents의 약칭인 코레퍼(Coreper)로 불리며, 이사회 업무의 기반을 준비하고 이사회에 의해 부여된 임무를 수행한다. 이들 모든 임무를 수행할 수 있게 하기 위하여, 그것은 다시 코레퍼 Ⅰ(부상임대표들로 구성되며, 주로 여러 이사회들이 취급하는 보다 기술적인 문제들에 대한 준비업무를 책임진다)과 코레퍼 Ⅱ(상임대표 자신들로 구성되며, 기본적으로 모든 정책문제를 책임진다)로 나뉜다. 농업은 이러한 임무 분담에 속하지 않는 한 분야이다. 즉, 1960년에 농업특별위원회(SCA, 또한 프랑스어 약칭인 CSA – Comité spécial de l'Agriculture)가 설치되어, 농업문제에 대한 코레퍼의 임무를 맡았다.

코레퍼와 SCA에 의한 이사회 회의의 준비는 2종류가 있다. 첫째로, 위원회 차원에서 합의에 이르기 위한 노력이 이루어지고, 그와 연계하여 위원회들은 이사회 내의 약 100개의 상설 특정영역 작업반의 조력을 이끌어 낼 수 있다. 위원회들은 또한 일정한 기간 동안 특정한 문제를 다루도록 되어 있는 '임시단체들'(ad hoc groups)의 서비스를 요청할 수 있다. 둘째로, 준비작업에 의해 이사회 회의에서 논의되고 결정될 쟁점들이 사전에 정리되어서, 이사회 구성원들이 그 개요를 잘 알 수 있어야 한다. 이러한 2중 접근방식은 회의일정에 반영된다. 합의에 이르는 것이 가능한 쟁점들은 'A 아이템'이라고 부르며, 아직 결정 되지 않아서 더욱 논의가 필요한 문제들은 'B 아이템'이라고 알려져 있다.

사무국은 이사회(그리고 또한 코레퍼와 SCA)에 행정 지원을 한다. 특히, 사무국은 이사회 회의 준비의 기술적 측면을 취급하며, 통역시설의 제공을 담당하고(회원국 대표들은 자국어로 말한다), 요청받은 번역을 하며, 이사회와 위원회들에 법적 조언을 하고, 이사회의 예산을 관리한다.

2) 이사회 회의

이사회 회의는 구성원 중의 한 사람이나 유럽위원회의 요청에 따라 의장의 직권으로 의장(이사회 의장국인 회원국의 대표 또는 연합외교안보정책 고위대표)에 의해 소집된다. 의장은 매 회의에 대해 Part A와 Part B로 구성된 임시일정표를 작성한다.

이사회는 24개 공식언어(불가리아어, 크로아티아어, 체코어, 덴마크어, 네덜란드어, 영어, 에스토니아어, 핀란드어, 프랑스어, 독일어, 그리스어, 헝가리어, 아일랜드어, 이태리어, 라트비아어, 리투아니아어, 말타어, 폴란드어, 포르투칼어, 루마니아어, 슬로바키아어, 슬로베니아어, 스페인어, 스웨덴어)로 이용할 수 있는 자료와 초안에 대해 논의하여 결정에 이른다. 사안이 긴급한 경우, 이러한 원칙은 전원일치의 합의로 제외될 수 있다. 이것은 또한 회의 중에 상정되고 논의된 개정안에도 적용된다.

이사회가 입법안에 대해 논의하거나 표결하는 회의는 일반에 공개된다. 이것은 실제로 회의가 라이브 시청각장치로 이사회 건물의 방들에 전송된다는 것을 의미한다.

이사회에서는 회원국들의 개별적 이익과 연합의 이익이 균형을 이루어야 한다. 회원국들은 주로 이사회에서 자국의 이익을 옹호하지만, 연합의 구성원들은 동시에 연합 전체의 목적과 수요를 고려하여야 할 의무가 있다. 이사회는 연합의 한 기관이지 정부간 회의(Intergovernmental Conference)가 아니다. 그러므로, 이사회는 그 심의에서 추구되는 회원국들 간의 최소한의 공통분모가 아니라, 오히려 연합과 회원국들의 이익 간의 올바른 균형이다.

3) 의사결정절차

EU조약들에 따라서, 이사회에서는 다수결 투표가 적용된다. 일반적으로 특정다수결로 충분하다(TEU 제16조 제3항). 각 이사회 구성원이 한 표씩을 가지는 단순 다수결은 개별적 사안과 덜 민감한 분야에서만 적용된다(따라서 단순 다수결은 현재 15표로 이루어진다).

특정다수결의 계산방법은 여러 단계로 변화할 것이다.

2014년 11월 1일까지 니스조약에 의해 도입되어 큰 규모의 회원국들에게 보다 큰 영향력을 부여하는 가중투표제도가 사용될 것이다. 이 제도에 따라서, 특정다수결은 352표 중에서 260표 이상의 다수의 회원국들로 달성된다. 다만, 한 회원국은 또한 이들 회원국이 EU인구의 62% 이상 대표할 것을 요구할 수 있다.

20014년 1월 현재 각 회원국이 행사할 수 있는 투표수는 다음과 같다.

가중투표수

국가	투표수	국가	투표수
독일	29	오스트리아	10
프랑스	29	스웨덴	10
이탈리아	29	덴마크	7
영국	29	아일랜드	7
스페인	27	리투아니아	7
폴란드	27	슬로바키아	7
루마니아	14	핀란드	7
네덜란드	13	크로아티아	7
벨기에	12	에스토니아	4
체코	12	사이프러스	4
그리스	12	라트비아	4
헝가리	12	룩셈부르크	4
포르투칼	12	슬로베니아	4
불가리아	10	몰타	3

2014년 11월 1일에 새로운 이중다수결제도가 시행된다. 이 제도에서는 EU인구의 65%를 대표하는 회원국들의 55% 이상이 입법안에 찬성할 때 특정다수결이 달성된다. 보다 인구가 적은 회원국들이 결정의 채택을 저지하는 것을 방지하기 위하여, 가결저지소수(blocking minority)는 4개 회원국 이상으로 이루어져야 한다. 만일 이 숫자가 달성되지 않으면, 인구기준이 충족되지 않았다고 하더라도 특정다수결이 달성된 것으로 간주된다. 이 제도는 '이오아니나 타협'(Ioannina compromise)에 대단히 유사한 제도에 의해 보완된다. 즉, 가결저지소수가 이루어지지 않는다면, 의결절차는 정지될 수 있

다. 이 경우에, 이사회는 투표를 더 이상 진행하지 않고, 가결저지소수에 요구되는 인구의 75% 이상 또는 회원국 수의 75% 이상을 대표하는 이사회 구성원들이 요구하는 경우에, 상당한 기간 동안 협상을 계속한다.

2017년 4월 1일부터 동일한 제도가 적용될 것이지만, 가결저지소수제도의 퍼센트는 인구의 55% 이상 또는 회원국 수의 55% 이상으로 변경될 것이다. 이사회는 단순다수결에 의해 이 법제도를 개정할 수 있다. 그러나, 의정서들 가운데 하나에 의하면, 협상은 먼저 유럽이사회에서 개최되어야 하고, 그와 관련해 이루어지는 결정은 전원일치로 하여야 한다고 규정하고 있다.

다수결 투표의 중요성은 그것이 작은 국가들이 중요한 결정을 저지하는 것을 막는다는 사실에 있다고 하기 보다는 개별 큰 국가들을 투표에서 이길 수 있게 한다는 데 있다. 그러나, '룩셈부르크 협정'은 적어도 투표행위에 관한 한 중요한 정치적 변수로 남아 있다. 동 협정은 회원국이 중대한 국가적 이익이 걸려있다고 간주하는 경우에 공동체 조치를 거부할 권리를 부여한다. 그것은 공동농업정책의 금융지원에서 국가이익이 위협받을 것을 우려한 프랑스가 '빈의자 정책'으로 6개월 이상 이사회의 의사결정을 저지시켰던 1965년에 발생한 위기를 해결하기 위하여 사용되었다.

결정이 특히 민감한 정치 분야에서 이루어지는 경우에, 조약은 전원일치를 요구한다. 그러나, 결정의 채택이 기권에 의해 저지될 수 없다. 조세, 근로자의 권리와 의무, 시민권조항의 개정과 어떤 회원국이 헌법원칙을 위반했는지를 결정하는 것과 같은 문제에 대한 결정과, 공동외교안보정책 또는 형사문제에서의 경찰·사법 협력의 분야에서 원칙과 가이드라인을 설정하는 것에 대해서는 아직도 전원일치가 요구된다.

(4) 연합외교안보정책 고위대표(TEU 第18조)

연합외교안보정책 고위대표는 헌법 프로젝트에서 계획되었던 것과 달리 EU외무장관이 되지 않았다. 그러나, 기관 구성 내에서의 지위는 매우 강화되고 확장되었다. 고위대표 직은 외교위원장과 통합될 것이다. 이로 인하여 고위대표는 이사회에서 외교이사회의 의장직을 맡게 되고, 유럽위원회에서는 외교담당 부위원장의 지위가 부여된다. 고위대표는 유럽이사회가 유럽위원회 위원장과 합의하여 특정다수결로 임명한다. 고위대표는 유럽위원회[5]와 이사회 사무국 출신의 직원들로 구성되고 회원국 외교서비스대표들을 지원하는 신설된 대외서비스의 조력을 받는다.

4. 유럽위원회(TEU 第17조)

구성

28인 위원
위원장
수석부위원장: 연합외교안보정책 고위대표
6인 부위원장을 포함함

5) 전 무역위원장인 애쉬톤(Baroness Catherine Ashton)이 이 직책에 임명되었다.

원래는 2014년부터 유럽위원회는 더 이상 각 회원국마다 1인의 대표로 구성되지 않고, 회원국수, 즉 당시 총 27개 회원국수의 3분의 2에 해당하는 구성원들로 구성되고, 2014년에 위원회 구성원의 숫자는 18이 되기로 합의되었다. 이를 위해, 3회 연속 유럽위원회 임기 중 2회 각 회원국들이 위원(Commissioner)이 되는 것을 보장하는 윤번제(rotation system)가 도입될 예정이었다. 그러나, 유럽이사회는 전원일치 투표로 이러한 구성을 변경할 권한을 부여받았고, 2009년 6월 18, 19일의 브뤼셀회의에서 그렇게 할 의사를 통지하였다. 그 회의에서 유럽이사회는 필요한 법적 절차에 따라서 리스본조약의 발효에 따른 결정을 내리기로 합의하였다. 그에 따라, 유럽위원회는 계속해서 모든 회원국으로부터 대표를 받게 될 것이다. 이로써 아일랜드가 리스본조약에 관한 2차 국민투표를 실시했을 때 내걸었던 기본조건들 중의 하나가 충족되었다.

(1) 구성

유럽위원회는 수석부위원장인 연합외교안보정책 고위대표를 포함한 7인의 부위원장의 보조를 받아 위원장이 이끈다. 오랜 기간에 걸쳐서 유럽위원회 내에서의 위원장의 지위는 매우 강화되었다. 위원장은 더 이상 '동료 중의 제1인자'(first among equals)가 아니다. 위원회는 위원장의 '정치적 지도에 따라서' 활동하여야 한다는 점에서 위원장은 우월적인 지위를 누린다(TEU 제17조). 그래서, 위원장은 '지도를 제공할 권한'을 갖는다. 위원장은 위원회가 지속적이고 효율적으로 활동할 것을 보장하기 위하여 위원회의 내부구성에 관한 결정권을 갖는다. 또한 위원들 간의 책임을 배분하며 위원회의 임기동안 그 책임의 배분을 개편할 수 있다. 위원장은 부위원장들을 임명하며, 위원회의 구성원을 사임하게 할 수 있다. 위원장의 우월적 지위는 또한 유럽이사회의 구성원 자격에서도 반영되어 있다.

위원장과 위원회의 구성원들은 임직절차(investiture procedure)를 이용하여 5년 임기로 임명된다. 유럽이사회는 유럽의회의 다수결 투표를 고려하여 유럽의회의 선거에 추천할 인물을 특정다수결로 지명한다. 그러면, 유럽의회는 다수결로 위원장을 선거한다. 그 후보가 의회에서 필요한 다수를 획득하지 못한다면, 유럽이사회는 한 달 이내에 유럽의회에 새로운 후보자를 추천한다. 그러고 나서, 회원국들은 유럽위원회의 구성원 후보로 추천될 인명부를 작성한다. 위원회 위원장이 유럽의회에 의해 선출되면, 위원회의 다른 구성원들은 의회의 동의 투표를 거쳐야 한다. 의회의 동의를 받은 후, 위원장 이외의 위원회 구성원들은 EU 이사회의 특정다수결로 공식 임명된다.

위원회의 구성원들은 '일반적 자질에 기초하여' 선임되어야 하고, '임무수행에 있어서 완전히 독립적'이어야 한다(TEU 제17조 제3항). 그들은 어떠한 정부로부터 지시를 구하거나 받을 수 없다.

유럽위원회의 소재지는 브뤼셀이다.

(2) 임무

임무	
연합입법 발의	연합법의 준수 및 적절한 적용 감시
연합입법의 관리 및 집행	국제조직에서 EU를 대표

위원회는 무엇보다 우선 연합정책의 '추진력'(driving force)이다. 연합입법의 제안이나 초안을 이사회에 제출해야 하는 것(이것은 위원회의 발안권이라고 부른다)이 위원회인 것과 같이, 위원회는 모든 연합 행위의 출발점이다. 위원회는 자유롭게 자기의 활동을 선택할 수 있는 것은 아니다. 위원회는 연합의 이익이 그렇게 요구하는 경우에 행위를 할 의무가 있다. 이사회(TFEU 제241조), 유럽의회(TFEU 제225조) 및 시민발안(TEU 제11조 제4항)을 위해 행동하는 일단의 EU시민들도 또한 위원회에게 입법안을 작성하도록 요구할 수 있다. 리스본조약부터 조약들에서 규정된 특수한 경우에, 유럽중앙은행으로부터의 권고에 입각하여 또는 사법재판소나 유럽투자은행의 요청으로, 일단의 회원국이나 유럽의회의 발안에 근거하여 법규범들이 채택될 수 있다.

위원회는 주로 일정한 분야(예컨대, 연합예산, 구조기금, 차별적 과세를 다루는 조치, 자금융자 및 세이프가드조항)에서 법안을 발의할 1차적 권한을 갖는다. 그러나, 이사회와 의회가 위원회에 부여한 연합규범의 집행을 위한 권한은 훨씬 더 광범위하다(TFEU 제290조).

위원회는 또한 '연합법의 수호자'이다. 위원회는 회원국들의 제1차 및 제2차 연합법의 적용과 집행을 감시하고, 연합법의 위반이 발생한 경우에 위반소송을 제기하며(TFEU 제258조), 필요한 경우에 사법재판소에 그 사안을 제청한다. 위원회는 또한 연합법이 자연인이나 법인에 의해 침해된 경우에 개입하여, 무거운 벌금을 부과한다. 지난 수년에 걸쳐서, 연합법규범의 남용을 방지하고자 하는 노력이 위원회 업무의 주요부분이 되었다.

연합의 이익을 대표하는 임무는 수호자 역할과 밀접하게 관련되어 있다. 원칙적으로, 위원회는 연합의 이익 이외의 어떠한 이익에도 봉사할 수 없다. 위원회는 자주 이사회 내의 어려운 타협에 있어서도 연합의 이익을 우선하여, 그 이익을 고려한 타협책을 찾도록 항상 노력하여야 한다. 그러한 경우에, 위원회는 또한 회원국들 간의 중재자로서의 역할을 하여야 한다. 그러한 역할은 위원회의 중립성에 의하여 특히 적합하고 적격한 것이다.

마지막으로, 위원회는 – 제한된 범위 내에서이지만 – 집행기관이다. 이것은 특히 경쟁법 분야에서 그러하다. 위원회는 이 분야에서 사실을 체크하며, 승인을 하거나 금지를 하고, 필요한 경우에는 벌금을 부과하는 일반 행정기관으로서 행위한다. 구조기금 및 EU예산과 관련한 위원회의 권한들은 마찬가지로 광범위하다. 그러나, 연합규범이 개별적 사건에서 적용되는 것을 보장해야 하는 것은 일반적으로 회원국들 자신이다. 연합조약들이 선택한 이러한 해결책은 시민들이 자기 국가제도의 친근한 형태로 그 활동을 통하여 그들에게는 아직 유럽제도라는 '외국적' 실재에 보다 가깝게 다가갈 수 있다는 이점을 가진다.

위원회는 국제조직에서 연합을 대표하며, EU의 안팎에서 연합외교임무를 일상적으로 수행하고 있다. 이사회가 위원회에 부여한 권한에 기초하여, 위원회는 새로운 회원국들과의 가입조약을 포함하여, 국제조직 및 비회원국들과 협정을 협상할 책임이 있다. 위원회는 회원국들의 법원에서, 그리고 – 필요한 경우에는 이사회와 함께 – 사법재판소에서 연합을 대표한다.

유럽위원회의 행정조직

위원회
(28 위원)
(보좌관)
사무처
법률서비스
홍보국
유럽정책자문국

경제재정국	대외관계국
기업산업국	무역국
경쟁국	개발국
고용사회문제 · 평등기회국	확장국
농업 및 농촌발전국	유럽지원협력실
에너지국	인도적지원국(ECHO)
모바일운수국	유럽연합통계청
환경국	인적자원안보국
기후행동국	정보과학국
연구국	예산국
공동연구센터	내부감사실
정보사회미디어국	유럽반부패실
해사어업국	통역국
역내시장서비스국	번역국
지역정책국	출판국
조세관세동맹국	시설설비국(브뤼셀)
교육문화국	시설설비국(룩셈부르크)
건강소비자국	개인권리의 관리 · 지급국
정의 · 자유안보국	유럽직원채용국

5. 유럽연합 사법재판소(TEU 第19조)

어떠한 제도도 독립적 기관에 의해 그 규범이 감독 받을 때에만 견디어낼 것이다. 더구나 국가들의 연합에서는 공동규범들은－국가법원에 의해 통제되어야 한다면－국가마다 다르게 해석되고 적용된다. 그렇게 되면, 모든 회원국들에서 연합법의 통일적인 적용이 위태롭게 될 것이다. 이러한 고려의 결과, 최초의 공동체(ECSC)가 창설되자마자, 1952년에 공동체 사법재판소가 설치되었다. 1957년에 그것은 또한 다른 2개의 공동체(E(E)C와 Euratom)의 사법기관도 되었다. 오늘날 이것이 EU의 사법기관이다.

사법사무는 현재 다음 3개의 레벨에서 수행되고 있다.

- 공동체 법질서의 최고 심급으로서의 사법재판소(TFEU 第253조)
- 일반재판소(TFEU 第254조)
- 전문법원들, 이것들은 특별한 분야의 사건을 판결하기 위해 일반재판소로 지명될 수 있다(TFEU 第257조).

1992. 11. 1.

유럽지도 위에 놓인 이 가방사진이 마스트리히트조약에 의해 가져온 사람들의 자유로운 이동을 보여주고 있다.

(1) 사법재판소

유럽연합 사법재판소의 구성

28인 재판관
9인 법무관
전원일치로 6년 임기
회원국 정부에 의해 임명

소송 유형

조약의무위반소송 : 유럽위원회 대 회원국 (TFEU 258조); 회원국 대 회원국 (TFEU 259조)	무효확인소송과 부작위소송 : 위법행위 또는 부작위와 관련하여 연합기관 또는 회원국이 제기 (TFEU 263, 265조)
국가법원이 선결적 판결을 구하여 제청한 사건 : 연합법의 해석 및 유효성의 명확화 (TFEU 267조)	일반재판소의 판결에 대한 상소 (TFEU 256조)

사법재판소는 현재 28인의 재판관과 9인의 법무관(Advocate General)으로 구성되어 있으며, '회원국 정부들의 전원일치에 의해'('by common accord of the Governments of the Member States') 6년 임기로 임명된다. 각 회원국은 1인의 재판관을 파견한다. 연속성을 확보하기 위하여, 재판관과 법무관의 반수의 부분적 교체가 10월 6일 사법년의 시작에 매 3년마다 이루어진다. 재판관과 법무관은 재임될 수 있다.

재판소는 임기가 재판관과 동일한 8인의 법무관의 조력을 받는다.* 법무관들은 사법적 독립성을 누린다. 8인의 법무관 중에 4인은 항상 '큰' 회원국(독일, 프랑스, 이탈리아와 영국) 출신이 되며, 나머지 4인은 나머지 23개 회원국들의 출신이 교대로 된다.** 법무관직은 프랑스의 국사원(Conseil d'État)과 행정법원에서의 정부위원(Commissaire du gouvernement)직에 기초하고 있다. 법무관은 많은 국가에서 찾아볼 수 있는 검사나 그와 유사한 직위와 혼동되어서는 안된다. 법무관은 재판절차의 단심제적 성질, 다시 말하면, 상소절차의 결여를 상쇄하기 위하여 재판소에 도입되었다. 법무관의 임무는 관련사건에서 제기된 법적 문제를 완전히 독립적이고 중립적으로 조사하여, 재판소 판결을 위한 (비구속적) 제안의 형태로 재판소에 '의견'을 제출하는 것이다. 의견은 구술절차의 구성요소이며 재판소공보에 판결과 함께 공표된다. 법무관들은 의견에서의 주장의 힘을 통하여 판결에 영향을 미칠 수 있을 뿐이다. 즉, 그들은 심리나 판결에 대한 표결에 관여하지 않는다.

1) 재판관의 선임과 법무관

재판관들과 법무관들은 그 독립성이 의심의 여지가 없으며, 자국에서 최고위 사법직에의 임용에 요구되는 자격을 가지고 있거나 널리 그 능력을 인정받는 법률전문가인 사람들 가운데에서 선임된다(TFEU 제253조). 이것은 회원국들의 재판관, 공무원, 정치인, 법조

역자주 * 이사회 결정에 의해 법무관의 숫자는 2013년 7월 1일부터 8인에서 9인으로 늘었으며, 2015년 10월 7일부터 11인으로 늘어날 예정이다.

** 현재 9인의 법무관 중 6인은 6개의 큰 회원국(독일, 프랑스, 영국, 이탈리아, 스페인, 폴란드)에서, 그리고 3인은 나머지 22개 회원국에서 교대로 임명된다. 또한, 11인이 되는 경우에는 나머지 22개 회원국에서 5인을 교대로 임명하게 된다.

인 또는 대학교수가 임명될 수 있다는 것을 의미한다. 직업적 배경과 경험의 다양성은 고려되어야 할 사실관계 및 법적 문제의 이론적 및 실제적 측면 모두를 가능한 한 광범위하게 판단하는데 도움이 된다는 점에서 유익하다. 모든 회원국들에서 재판관이나 법무관의 임명을 위해 정부가 누구를 추천할 것인가의 선택과 이러한 절차는 집행부의 문제이다. 그 절차는 대단히 다양하여, 상당히 투명하지 않은 것부터 완전히 알 수 없는 것까지 걸쳐있다.

재판관의 임명에 있어서는 신설된 자문단(consultative panel)의 조력을 받는다. 자문단은 회원국정부들이 임명을 하기 전에 사법재판소와 일반재판소의 재판관과 법무관의 임무를 수행할 수 있는 적정성에 대한 의견을 내는 것을 그 임무로 한다(TFEU 제255조). 자문단은 사법재판소와 일반재판소의 이전 구성원, 국가최고법원의 구성원과 공인된 자격을 갖춘 법조인들로부터 선정된 7명으로 구성되는바, 그 중 한 명은 유럽의회가 추천한다.

2) 절차

재판소는 다음과 같은 형태로 구성된다.

- 28인 재판관의 전원합의체 ; 전원합의체 판결은 아직 연합기구들의 구성원들에 대한 탄핵소송과 징계소송에서만 요구된다. 그러나, 대단히 중요한 소송과 선례문제가 관련된 경우에는 사법재판소 자신이 또한 전원합의체에 회부할 수 있다.
- 13인 재판관의 대법정
- 3인과 5인 재판관의 소법정

3) 임무

사법재판소는 연합법 문제에 있어서 최고이며 동시에 유일한 사법기관이다. 일반적으로 그 임무는 '조약의 해석에 있어서 법률이 준수되는 것을 보장하는 것'이다.

이러한 재판소의 책무는 3개의 주요 분야로 구성되어 있다.

- 조약을 집행할 때 EU기관들과, 연합법상의 의무와 관련하여 회원국들 및 개인들에 의해 연합법의 적용을 감시하는 것
- 연합법의 해석
- 연합법의 실현

이들 임무의 수행에 있어서 재판소의 업무는 법적 조언과 판결의 양면을 포함한다. 법적 조언은 EU가 비회원국들이나 국제조직들과 체결하기를 원하는 협정에 대해 구속력 있는 의견의 형태로 제공된다. 그러나, 재판기관으로서의 기능은 더욱 중요하다. 그 기능을 수행할 때, 사법재판소는 회원국들의 제도에 따라서 각각 다른 유형의 법원이 담당하고 있는 사건을 다룬다. 사법재판소는 연합기관들 간의 분쟁이 제기되거나 법규범의 합법성 심사가 제기되는 경우에는 헌법재판소로서, 유럽위원회 또는 연합법을 적용하는 국가기관들의 행정입법을 심사할 때에는 행정법원으로서, 이전의 자유, 사회보장 및 평등기회를 다룰 때에는 노동법원 또는 산업심판소로서, 조세 및 관세법 분야의 지침의 유효성과 해석에 관한 문제를 다룰 때에는 재정법원으로서, 벌금을 부과하는 위원회의 결정을 심사할 때에는 형사법원으로서, 손해배상청구를 심리하거나 민사 및 상사문제와 사법재판소

가 관할권을 갖는 유럽지적재산권에 관한 분쟁에서의 판결의 집행에 관한 규정을 해석할 때는 민사법원으로서 역할한다(TFEU 제262조).

(2) 일반재판소

모든 재판소가 그러하듯이, 사법재판소도 업무과중 상태이다. 사법재판소에 제기되는 사건 수는 점점 증가해 왔고, 단일시장의 측면에서 채택되고 회원국들의 국내법으로 이식된 막대한 수의 지침들에 의해 발생되는 분쟁의 가능성을 고려해 볼 때, 앞으로도 계속해서 증가할 것이다. 그러한 징조들은 이미 나타나고 있으며, 유럽연합조약은 궁극적으로 사법재판소에 의하여 해결되어야 할 문제들을 제기하였다. 이것이 1988년에 사법재판소의 부담을 경감시키기 위하여 일반재판소가 설립된 이유이다.

일반재판소의 구성

28인 재판관

전원일치로 회원국 정부에 의해 임명, 6년 임기

소송 유형

무효확인소송과 부작위소송 : 연합 법행위의 위법성 또는 부작위를 이유로 개인 또는 법인이 제기 (TFEU 263, 265조)	손해배상소송 : 계약적 또는 비계약적 책임을 이유로 (TFEU 268조, 340조 1항)	사법패널의 판결에 대한 상소 (TFEU 256조 2항)

일반재판소는 새로운 연합기관이라기 보다는 사법재판소의 구성요소이다. 그럼에도 불구하고, 그것은 조직적 의미에서 사법재판소로부터 분리된 자율적 기구이다. 일반재판소는 자신의 등록기관(registry)과 절차규칙을 가지고 있다. 일반재판소가 취급하는 사건들은 'T'(= Tribunal) (예컨대, T-1/99)로 표시되며, 반면에 사법재판소에 제기된 사건들은 'C'(= Court) (예컨대, C-1/99)로 표시된다.

일반재판소는 그 자격과 임명 및 법적 지위에서 사법재판소의 재판관들과 동일한 요건과 조건이 요구되는 28인의 '구성원들'로 구성된다. 그들의 주된 기능은 '재판관들'로서 역할을 하는 것이지만, 전원합의체 사건에서, 또는 사건의 사실관계나 법적 문제에 필요한 경우에는 대·소법정의 사건에서 특별하게 '법무관'으로 지명될 수도 있다. 이 제도는 지금까지 매우 드물게 사용되었다.

일반재판소는 5인 또는 3인 재판관의 소법정에서 또는 일정한 사건의 경우에는 단독재판관이 재판한다. 그것은 또한 대법정(13인 재판관)이나 사건의 법적 쟁점의 복잡성이나 중요성이 요구하는 경우에 전원합의체(28인 재판관)로 재판할 수 있다.

일반재판소는 원래 제한된 범위의 사건들에 대해서만 책임이 있었지만, 지금은 다음의 임무를 가지고 있다.

- 1심으로, 즉, 사법재판소의 법적 감독에 따라서, 일반재판소는 무효확인소송과 연합기구에 대해 자연인과 법인이 제기한 부작위소송, EU에 의하거나 또는 그에 대신하여 체결된 계약에 포함된 중재조항, 그리고 EU에 대해 제기된 손해배

상소송에 대해 판결할 권한이 있다.

- 일반재판소는 사법패널들이 내린 결정들에 대한 상소사건의 상소법원으로서 역할을 한다.
- 그것은 또한 일정한 분야에 관한 선결소송에 대해 일반재판소에 재판권을 부여하도록 계획되어 있다. 그러나, 이 옵션은 아직 사용된 적이 없다.

(3) 전문법원

2004년에 EU 이사회는 사법재판소의 부담을 경감시키고 EU에서의 법적 보호를 개선하기 위하여 직원관련사건들의 전문법원을 일반재판소에 부설하였다.

이 전문법원은 유럽연합직원분쟁의 제1심으로 판결하기 위해 일반재판소로부터 재판권을 인수받았다.

전문법원은 일반재판소의 구성원과 유사한 지위를 누리며 6년 임기로 임명되는 7인의 재판관들로 구성된다. 그들은 재판관직의 임명에 요구되는 능력을 가져야 한다. 전문법원은 일반적으로 3인 재판관의 패널로 재판하지만, 전원패널이나 5인 재판관의 패널, 또는 단독재판관으로 판결할 수 있다. 전문법원의 판결들에 대해서는 법적 쟁점에 대해서만 일반재판소에 항소할 권리가 있다. 한편, 법적 실체나 판결의 통일성이 위태로워질 경우에, 수석법무관(관련당사자가 아니다!)은 일반재판소의 결정의 심사를 요청할 수 있다.

6. 유럽중앙은행(TFEU 제129조와 제130조)

유럽중앙은행(ECB)는 프랑크푸르트에 위치해 있고, 경제통화동맹의 중심부이다. 그 임무는 유럽화폐인 유로의 안정성을 유지하고, 유통 중인 통화량을 관리하는 것이다(TFEU 제128조).

이러한 임무를 수행하기 위하여 ECB의 독립성은 다수의 법조항에 의해 보장되고 있다. 권한을 행사하거나 책무를 수행할 때, ECB나 국가중앙은행은 연합기관, 회원국들의 정부 또는 다른 기구로부터 지시를 받을 수 없다. EU기관들과 회원국들의 정부는 ECB에 영향을 미치려고 할 수 없다(TFEU 제130조).

ECB는 운영이사회와 집행위원회를 가지고 있다. 운영이사회는 유로지역의 18개 회원국들의 중앙은행 총재들과 ECB 집행위원회의 구성원들로 구성되어 있다. 집행위원회는 총재, 부총재 및 4인의 다른 구성원들로 이루어져 있는데, 효과적으로 ECB의 운영을 담당하고 있다. 총재와 구성원들은 화폐 및 은행문제에서 공인된 지위와 경험을 가진 사람들 중에서 유럽중앙은행이 유럽의회와 협의를 거친 후 이사회로부터 추천을 받아 회원국들 정부의 전원일치에 의해 임명된다. 그들의 임기는 8년이며, 집행위원회 구성원들의 독립성을 보장하기 위하여 재임되지 않는다(TFEU 제283조).

유럽중앙은행제도(ESCB)는 ECB와 회원국들의 중앙은행으로 구성되어 있다(TFEU 제129조). 그것은 연합의 통화정책을 명확히 하고 집행하는 임무를 맡고 있으며, 연합 내에서 지폐와 동전의 발행을 허가할 독점적인 권리를 가진다. 그것은 또한 회원국들의 공식적 외환보유고를 관리하며, 결제제도의 원활한 운용을 보장한다(TFEU 제127조 제2항).

7. 회계법원(TFEU 제285조 및 제286조)

회계법원은 1975년 7월 22일에 설치되었으며, 1977년 10월에 룩셈부르크에서 업무를 개시하였다. 회계법원은 그 때부터 연합기관의 랭크에 올랐다(TEU 제13조). 회계법원은 회원국들의 현재 숫자에 상응하는 28인의 구성원들로 구성된다. 그들은 이사회에 의해 6년 임기로 임명된다. 이사회는 유럽의회와 협의를 한 후 특정다수결에 의하여 회원국들로부터의 추천과 일치하게 작성된 구성원명부를 승인한다(TFEU 제286조 제2항). 구성원들은 그들 가운데에서 3년 임기의 회계법원의 총재를 선출한다. 총재는 재선될 수 있다.

회계법원의 임무는 모든 수입이 잘 들어왔으며, 모든 지출이 합법적이고 정상적으로 이루어졌는지와 재정관리가 건전하였는지 여부를 조사하는 것이다. 몇몇 회원국들의 회계법원이나 유사한 기구와는 다르게, 회계법원은 통제조치를 집행하거나 조사의 결과 나타난 비정상적인 것의 혐의를 조사할 권한을 가지고 있지 않다. 그러나, 회계법원은 무엇을 어떻게 조사할 것인지에 대해서 전적으로 자율적으로 결정한다. 예컨대, 회계법원은 사인들에 의해 이용된 재정지원이 공동체법에 따른 것인지 여부를 조사할 수 있다.

회계법원 무기고의 주된 무기는 인정사실을 공표할 수 있다는 점이다. 그 조사 결과는 매 회계연도 말에 연차보고서에 요약되고, 유럽연합공보에 공표되어 일반의 관심을 끌게 된다. 회계법원은 또한 재정관리의 특정 분야에서 언제라도 특별보고서를 작성할 수 있고, 이것들은 또한 공보에 공표된다.

Ⅱ. 자문기구

1. 유럽경제사회위원회(TFEU 제301조)

유럽경제사회위원회(EESC)의 목적은 다양한 경제사회단체들(특히 고용주와 노동자, 농업인, 운송업자, 사업자, 기술노동자, 전문직과 중소기업 경영자)에게 하나의 EU기관으로 대표성을 부여하는 것이다. 그것은 또한 소비자나 환경단체에 포럼을 제공한다.

EESC는 최대 350인의 구성원(advisers)으로 구성되며, 개별 회원국들에서의 가장 대표적인 조직에서 선발된다. 그들은 이사회에 의해 5년 임기로 임명되며, 이사회는 각 회원국이 한 추천에 따라서 선발된 인명부를 전원일치로 채택한다.

위원수의 할당은 다음과 같다.[6)*]

---

6) 출처 : 유럽경제사회위원회 웹사이트 ; 2010년 3월에 344인의 구성원들.
역자주 * 2014년 1월 현재 353인의 구성원들. 도표는 이에 의함.

독일	24
프랑스	24
이탈리아	24
영국	24
스페인	21
폴란드	21
루마니아	15
벨기에	12
불가리아	12
체코	12
그리스	12
헝가리	12
네덜란드	12
오스트리아	12
포르투칼	12
스웨덴	12
덴마크	9
아일랜드	9
리투아니아	9
슬로바키아	9
핀란드	9
크로아티아	9
에스토니아	7
라트비아	7
슬로베니아	7
사이프러스	6
룩셈부르크	6
몰타	5

구성원들은 3개의 그룹(고용주, 노동자 및 다른 시민사회단체 대표)으로 나뉜다. 총회에서 채택되는 의견들은 EESC 구성원들로 구성되는 '연구회'(거기에는 그들의 대리인도 또한 전문가로서 참가할 수 있다)에 의해 작성된다. EESC는 또한 유럽의회의 위원회들과 긴밀한 관계를 가지고 활동한다.

EESC는 로마조약에 의해 설립되었으며, 일정한 상황에서 유럽위원회가 제출한 안건에 대해 심의하는 이사회에 의해 자문되어야 한다. EESC는 또한 자신의 발의로 의견을 발표한다. 이들 의견은 때때로 대단히 서로 다른 관점의 집합을 나타내기도 하며, 안건에 의해 직접적으로 영향을 받는 그룹들이 보고 싶어 하는 변화가 무엇인지를 나타내주기 때문에 유럽위원회와 이사회에게는 대단히 유익하다. EESC 자신의 주도적인 의견은 많은 경우에 상당한 정치적 의미를 가졌다. 한 예로써 EU에서의 사회적 기본권에 대한 1989년 2월 22일의 것을 들 수 있는데, 이것은 유럽위원회가 제안한 '사회헌장'의 기초를 제공하였다(그리고 11개 회원국에 의해 채택되었다).

2. 지역위원회(TFEU 제305조)

새로운 자문기구가 유럽연합조약(마스트리히트조약)에 의해 EESC와 함께 설립되었으니, 그것이 바로 지역위원회(CoR)이다. EESC와 마찬가지로, 그것은 엄격한 의미에서 EU기관이 아니다. 그 기능은 순수하게 자문적인 것이므로 본격적인 의미의 기관들(유럽의회, 이사회, 유럽위원회, 사법재판소, 회계법원, 유럽중앙은행)과 동일하게 법적 구속력 있는 결정을 할 권한이 없다.

EESC와 마찬가지로, 지역위원회는 최대 350인으로 구성된다.[7)*] 구성원들은 그들이 대표하는 단체로부터 선거에 근거한 위임을 받거나 정치적으로 자기들이 대표하는 단체들에게 책임을 져야 하는 회원국들의 지역 및 지방자치단체들의 대표들이다. 350석이 EESC에서와 동일한 가중치를 사용하여 회원국들에게 할당된다. 구성원들은 이사회에 의해 5년 임기로 임명되며, 이사회는 각 회원국들이 한 제안에 따라서 작성된 구성원명부를 전원일치로 채택한다. 위원회의 구성원들은 그들 가운데에서 2년 임기의 의장을 선출한다.

EU의 이사회 또는 유럽위원회에 의한 협의가 요구되는('의무적 협의') 분야는 다수이다. 즉, 교육, 문화, 공중보건, 범유럽 통신망, 운송, 전기통신 및 에너지 설비, 경제·사회적 단결, 고용정책 및 사회입법. 이사회는 또한 광범위한 입법초안과 관련하여 법적 의무 없이 지역위원회와 정기적으로 협의한다('재량적 협의').

Ⅲ. 유럽투자은행(TFEU 제308조)

EU의 '균형있고 점진적인 발전'을 위한 금융기관으로서, 연합은 그 재량에 의해 룩셈부르크에 위치한 유럽투자은행(EIB)을 가지고 있다. EIB는 모든 경제영역, 특히 저개발지역의 발전을 촉진하고 기업을 근대화시키거나 개조시키고 또는 새로운 직업을 창설하고, 몇몇 회원국들에게 공동이익이 되는 사업을 지원하기 위하여 자금대출 및 보증을 제공한다.

7) 출처 : 지역위원회 웹사이트 ; 2010년 3월 344인의 구성원.

역자주 * 2014년 1월 현재 353인의 구성원으로 되어있다.

EIB는 3중 구조로 되어 있다. 즉, 그것은 회원국들의 재무장관들로 구성된 운영위원회(Board of Governors)가 이끈다. 운영위원회는 신용정책가이드라인을 설정하고, EU 밖의 EIB활동을 승인한다. 운영위원회의 다음으로는 이사회(Board of Directors)가 있다. 이사회에는 총 29인의 구성원들(각 회원국 및 유럽위원회에서 각 1인)과 19인의 교체구성원들이 있다. 구성원들은 일반적으로 국가 금융 또는 경제관련 부처의 고위공무원들이다. 이사회는 대출과 보증을 주며 자금을 조달하는 것과 관련된 결정을 내린다. EIB의 일상 활동은 6년 임기로 임명되는 9인의 임원인 관리위원회(Management Committee)가 담당한다.

제4장 EU의 법질서

위에서 기술한 EU의 헌법과 특히 그것이 구현하는 기본적 가치들은 연합법을 통해서만 소생될 수 있으며 실체가 부여될 수 있다. 연합법에 의해 EU는 두 가지 다른 의미에서의 법적 실재가 된다. 즉, EU는 법에 의해 창조되며 법에 근거한 공동체이다.

제1절 법의 창조물과 법에 근거한 공동체로서의 EU

이것은 EU에 대해 완전히 새로운 것이며, 유럽을 통합하려는 초기의 노력과 구별되는 점이다. 그것은 힘이나 정복에 의한 것이 아니라, 단지 법에 의해 작동될 뿐이다. 법은 '철혈'(blood and iron)이 수세기 동안 이루지 못했던 것을 달성하려고 한다. 자유롭게 이루어진 결정에 근거한 통합만이 지속할 것으로 기대될 수 있기 때문이다. 즉, 자유와 평등과 같은 기본적 가치에 근거하고, 법에 의해 보호되며 현실로 해석된 통합이다. 그것은 유럽연합을 창설했던 조약의 기초를 이루고 있는 통찰력이다.

그러나, EU는 법의 창조물일 뿐만 아니라 또한 순전히 법에 의해 그 목적을 추구하기도 한다. 그것은 법에 근거한 공동체이다. 회원국 국민들의 공동의 경제·사회생활은 힘의 위협에 의해서가 아니라 연합의 법에 의해서 지배된다. 이것이 기관제도의 기초이다. 연합법은 연합기관들에 의한 의사결정절차를 규정하고, 서로에 대한 관계를 규율한다. 그것은 회원국들과 그 시민들에 대해 구속력을 갖는 법규범을 시행하는 수단－규칙, 지침 및 결정의 형태로－을 기관들에게 제공한다. 그리하여, 개인들 자신은 연합의 주된 초점이 된다. 그 법질서는 계속해서 더욱 더 개인들의 일상생활에 직접 영향을 미친다. 그것은 개인들에게 권리를 허용하고, 의무를 부과한다. 개인들은 국가와 연합의 시민으로서 연방헌법에 친숙한 현상인 계층적인 법질서의 지배를 받는다. 다른 법질서와 마찬가지로 EU 법질서도 연합법에의 의존과 그 집행을 위하여 자기충족적인 법적 보호제도를 제공한다. 연합법은 또한 EU와 회원국들 간의 관계를 규정한다.

회원국들은 조약들에서 발생하거나 연합기관들이 취한 행위의 결과로 인해 발생하는 의무의 이행을 보장하기 위한 모든 적절한 조치를 취하여야 한다. 그들은 EU의 임무 달성을 촉진하여야 하고, 조약의 목적 달성을 위태롭게 할 수 있는 조치를 자제하여야 한다. 회원국들은 연합법의 위반으로 인하여 야기된 모든 침해에 대해 EU시민들에게 책임을 진다.

제2절 연합법의 법원(法源)

'법원'이라는 용어는 두 가지 의미를 가지고 있다. 즉, 그것의 원래의 의미는 법규정의 출현의 이유, 다시 말하면, 법적 구조물의 탄생의 동기를 말한다. 이러한 개념정의에 따르면, 연합법의 '법원'은 EC의 두 개의 초석인 평화를 유지하고 보다 긴밀한 경제적 유대를 통하여 보다 나은 유럽을 창조하고자 하는 의지이다. 다른 한편으로 법률용어로서의 '법원'은 법률의 기원과 구현을 말한다.

연합법의 법원

1. 1차법

연합조약 — 법의 일반원칙

2. EU의 국제협정

3. 2차법

법규명령

규칙 — 지침 — 결정

비법규명령

위임명령 — 집행명령

그 밖의 명령

권고와 의견 — 기관간 협정 — 결의, 선언과 행동계획

4. 법의 일반원칙

5. 회원국들간의 협약

코레퍼 결정 — 국제협정

Ⅰ. 연합법의 1차 법원으로서의 EU설립조약

이러한 의미에서의 연합법의 첫 번째 법원은 EU설립조약들이다. 그 조약들에는 다수의 부속서, 부록 및 의정서가 첨부되고, 나중에는 추가 및 개정이 이루어진다. 이러한 설립조약들과 그들을 개정하고 보충하는 문서들(주로 마스트리히트조약, 암스테르담조약, 니스조약 및 리스본조약)과 다수의 가입조약들은 EU의 목적, 조직 및 방법에 관한 기본규정들과 EU의 경제법에 관한 것들을 포함하고 있다.

그리하여, 그것들은 EU의 생활에 대해 헌법적 구조를 설정하며, 연합기관들의 입법적 및 행정적 행위에 의해 연합의 이익을 구체화한다. 회원국들에 의해 직접 생성된 법적 문서들인 조약은 법조계에서 1차 연합법으로 알려져 있다.

Ⅱ. 연합법의 2차 법원으로서의 EU법규범

연합기관들이 자신들에게 부여된 권한을 행사하여 제정한 법은 2차법이라고 말하며, 두 번째로 중요한 EU 법원이다.

그것은 법규명령(legislative acts), 위임명령(delegated acts), 집행명령(implementing acts)과 그밖의 법적 명령(legal acts)들로 구성된다. '법규명령'은 일반 또는 특별입법절차에 의해 채택된 법적 명령이다(TFEU 제289조). '위임명령'은 법규명령의 일정한 비본질적인 요소를 보충하거나 개정하기 위하여 일반적이며 구속적으로 적용되는 비법규명령이다. 위임명령은 유럽위원회에 의해 채택된다. 이를 위해서는 유럽위원회에 권한을 명시적으로 위임하는 법규명령이 제정되어야 한다. 권한의 위임의 목적, 내용, 범위 및 기간이 관련 법규명령에 명시적으로 규정된다. 이러한 권한의 위임은 이사회나 유럽의회에 의해 언제라도 철회될 수 있다. 위임명령은 법규명령에서 설정된 기간 이내에 유럽의회나 이사회에 의해 반대의견이 제기되지 않는 경우에만 효력을 발생할 수 있다(TFEU 제290조). '집행명령'은 구속력있는 EU 법적 명령을 집행하기 위하여 요구되는 모든 조치는 회원국들이 자국의 국가법조항에 따라서 취하여야 한다는 원칙에 대한 예외이다. 법적으로 구속력있는 EU 명령들을 집행하기 위하여 통일적인 조건들이 필요한 경우에, 적절한 집행명령에 의해 이를 행한다. 이러한 집행명령은 일반적으로 유럽위원회에 의해 채택되며, 일정한 예외적인 경우에 이사회에 의해 채택되기도 한다. 그러나, 유럽의회와 이사회는 유럽위원회의 집행권한 행사의 회원국들에 의한 통제장치에 관한 규정 및 일반원칙을 미리 설정한다(TFEU 제291조). 마지막으로, 연합기관들이 비구속적 조치와 성명을 하기 위하여 사용할 수 있는, 또는 EU나 그 기관들의 내부업무, 예컨대 기관들 간의 협약이나 협정 또는 내부절차규칙과 같은 것들을 규율하는 종합세트인 '그밖의 법적 명령'이 있다.

이들 법적 명령은 대단히 다른 형태를 취할 수 있다. 이들 가운데 가장 중요한 것은 TFEU 제288조에서 열거되고 규정된 것들이다. 구속력있는 법적 명령으로서 그것들은 한편으로 일반적이며 추상적인 법규정들을 포함하고, 다른 한편으로 구체적이며 개별적인 조치들을 포함한다. 그것들은 또한 연합기관들이 비구속적 성명을 내는 것을 규정한다. 그러나, 이러한 명령들 리스트가 전부는 아니다. 특정한 범주에 들어가지 않는 다른 법적 명령들도 다수 있다. 이것들에는 결의(resolutions), 선언(declarations), 행동계획(action programmes) 또는 백서 및 녹서(White and Green Papers)가 포함된다. 관련 절차, 법적 효과와 그것들이 발령된 상대방의 측면에서 여러 법적 명령들 간에는 상당한 차이점이 있다. 이들 차이점에 대해서는 "행위 수단"에 관한 부분에서 보다 자세하게 다루도록 한다.

2차 연합법은 점진적인 과정을 거쳐 생성되었다. 그 등장으로 인해 연합조약들에서 도출되는 1차법에는 활력이 보태지며, 점진적으로 유럽 법질서가 생성되며 향상된다.

Ⅲ. EU의 국제협정

3차 연합법원은 국제레벨에서의 EU의 역할과 관련된다. 세계의 초점 중의 하나로서 유럽은 그 자신의 내부문제의 관리에만 국한될 수 없다. 즉, 유럽은 외부세계와 경제적, 사회적 및 정치적 관계를 맺지 않을 수 없다. 따라서, EU는 비회원국들('제3국') 및 다른 국제조직들과 국제법상의 협정을 체결한다. 이것들은 무역 또는 산업, 기술 및 사회 분야에서의 광범위한 협력을 규정하는 조약에서부터 특정한 제품의 무역에 관한 협정에까지 걸쳐 있다.

EU와 비회원국들 간의 협정의 유형으로서 특별히 언급할만한 가치가 있는 것으로는 세 가지가 있다.

1. 제휴협정(Association agreements)

제휴(association)는 무역정책의 단순한 규제를 훨씬 뛰어 넘어, 관련국가에 대해 EU의 긴밀한 경제협력과 광범위한 금융지원을 포함한다(TFEU 제217조). 제휴협정은 다음 3가지 유형으로 구별될 수 있다.

(1) 회원국들과 비회원국들 간의 특별한 관계를 유지시키는 협정

벨기에, 덴마크, 프랑스, 이탈리아, 네덜란드와 영국이 과거 식민지의 유산으로서 특별히 긴밀한 경제적 유대를 유지하는 유럽 밖의 국가들과 영토의 존재가 제휴협정 탄생의 특별한 이유의 하나이다. EU가 공통대외관세(common external tariff)를 도입하였더라면 이들 영토들과의 무역은 심각하게 혼란에 빠졌을 것이며, 이는 특별한 협정이 요구됨을 의미했다. 따라서, 이들 국가 및 영토의 경제적 · 사회적 발전을 촉진시키고, 그들과 전 연합 간의 긴밀한 경제적 관계를 확립하는 것이 제휴의 목적이다(TFEU 제198조). 결과적으로, 인하되거나 또는 제로 관세율로 이들 국가 및 영토로부터 물품이 수입될 수 있도록 하는 특혜협정들이 광범위하게 존재한다. EU로부터 금융 · 기술원조가 유럽개발기금을 통하여 제공되었다. EU와 아프리카, 카리브지역 및 태평양지역의 70개국들 간의 EU-ACP 동반자협정이 실제로 가장 중요한 협정이다. 동 협정은 근래 일련의 경제적 동반자협정으로 전환되었으며, 점진적으로 ACP 국가들은 유럽 역내시장에 자유롭게 접근하게 될 것이다.

(2) 연합에의 가입 준비 또는 관세동맹의 설립 준비를 위한 협정

제휴협정은 또한 연합의 회원자격 가능성이 있는 국가들의 준비에 이용된다. 협정은 신청국가의 경제가 EU 경제와 통합될 수 있도록 가입을 위한 전단계의 기능을 한다.

(3) 유럽경제지역(EEA)에 관한 협정

EEA협정으로 인해 유럽자유무역연합(EFTA)의 (잔여)국가들(아이슬란드, 리히텐슈타인 및 노르웨이)이 역내시장에 진입하고, 그들 국가에게 EU입법의 약 3분의 2를 받아들일 것을 요구함으로써 후속적인 가입을 위한 기초가 공고해진다. EEA에서 공동체법규(acquis communautaire)(1차 및 2차 연합법)의 기초 위에 물품, 사람, 서비스 및 자본의 자유로운 이동과 경쟁 및 국가지원에 관한 통일규칙, 그리고 수평적 및 측면 정책(환경, 연구 및 개발, 교육)에 관한 보다 긴밀한 협력이 있을 수 있다.

2. 협력협정(Cooperation agreements)

협력협정들은 제휴협정들만큼 광범위하지 않고, 단지 긴밀한 경제협력을 목적으로 한다. 예컨대, EU는 마그레브 국가들(알제리, 모로코 및 튀니지), 마쉬렉 국가들(이집트, 요르단, 레바논 및 시리아) 및 이스라엘과 그러한 협정을 맺고 있다.

3. 무역협정(Trade agreements)

연합은 또한 개별적인 비회원국가, 그들 국가의 그룹과 또는 관세 및 무역정책과 관련된 국제무역조직 내에서 상당수의 무역협정들을 맺고 있다. 가장 중요한 국제무역협정들은 다음과 같다. 즉, 세계무역기구설립협정(WTO협정)과 특히 관세 및 무역에 관한 일반협정(GATT 1994)에 포함되며, 그것에서 파생되는 다자무역협정, 반덤핑 및 보조금법(Antidumping and Subsidies Code), 서비스무역에 관한 일반협정(GATS), 무역관련 지적재산권에 관한 협정(TRIPS), 분쟁해결규칙과 절차에 관한 양해가 있다.

Ⅳ. 불문법원

이상으로 기술한 연합법원은 그들 모두가 성문법을 만든다는 점에서 공통된 특징을 가진다. 그러나, 모든 법제도와 마찬가지로 EU 법질서는 성문규범만으로 이루어질 수 없다. 불문법에 의해 채워져야 할 간극이 항상 존재한다.

1. 법의 일반원칙

연합불문법원은 법의 일반원칙이다. 이것은 법제도에 의해 존중받아야 할 법과 정의의 기초개념들을 반영하는 규범이다. 성문법 대부분은 경제사회문제들만을 취급하고, 제한된 범위에서만 이러한 유형의 규범을 제정할 수 있을 뿐이다. 이것은 법의 일반원칙이 연합에서의 가장 중요한 법원의 하나를 형성하고 있다는 것을 의미한다. 이러한 법원칙으로 공백을 보충할 수 있고, 현행법의 해석문제를 가장 공정하게 해결할 수 있도록 한다.

이들 법원칙은 법이 적용될 때, 특히 '본 조약의 해석 및 적용에 있어서 법이 준수되는지'를 보장할 책임을 지고 있는 사법재판소의 판결에서 효력이 발생된다. 법의 일반원칙의 주요 결정기준은 회원국들의 법질서에 공통된 원칙들이라는 점이다. 그것들은 문제해결에 필요한 EU 규정들이 발전될 수 있는 배경을 제공한다.

자율의 원칙, 직접 적용의 원칙 및 연합법 우위의 원칙과 함께, 다른 법원칙들은 기본권, 비례성의 원칙, 정당한 기대의 보호, 적절한 청문을 받을 권리와 회원국들이 연합법 위반에 대한 책임을 진다는 원칙들의 보장을 포함한다.

2. 관습법(Legal custom)

불문법은 또한 관습법을 포함한다. 관습법은 일반에 의해 받아들여져서 따르고, 그리하여 법적으로 확립된 것으로 1차법 또는 2차법을 추가하거나 개정하는 관습을 의미하는 것으로 이해된다. 연합법에서의 관습법의 성립은 원칙적으로 인정된다. 그러나, 연합법의 맥락에서 관습법이 확립되어 가는 것에는 상당한 제한이 있다. 첫 번째 장애는 조약들의 특별개정절차의 존재이다(TEU 제54조). 이것은 관습법의 출현을 배제하지 않지만, 관행이 상당한 기간동안 널리 따르고 받아들여질 것이라는 기준을 충족시키기가 더욱 어렵게 만든다. 연합기관들에서 관습법의 성립에 대한 또 다른 장애는 기관의 행위는 그 기관의 실제행동이나 법적 관계를 창설할 의도가 아니라 조약으로 부터서만 그 효력을 도출할 수 있다는 사실이다. 이것은 조약레벨에서 관습법이 연합기관에 의해 성립할 수 없고, 기껏해야 회원국들만이 위에서 언급한 엄격한 조건에 따라서만 할 수 있다는 것을 의미한다. 그러나, 연합기관들에 의해 법의 일부로서 따르고 받아들인 절차와 관행들은 그들에 의해 제정된 법규범들을 해석할 때 도출될 수 있는 바, 그것들이 관련 법행위의 법적 의미와 범위를 변경할 수 있다. 그러나, 1차 연합법으로부터 발생하는 조건과 한계들은 또한 여기에서 기억되어야 한다.

3. 회원국들 간의 협정

EU의 마지막 법원은 회원국들 간의 협정으로 이루어진다. 이러한 유형의 협정은 EU의 활동과 밀접하게 관련된 쟁점의 해결을 위해 체결될 수 있지만, 연합기관들에 권한이 이전되지 않는다. 또한 특별히 영토적으로 제한된 협정의 단점을 극복하고 EU 전체에 통일적으로 적용될 법을 창설하는 것을 목적으로 하는 회원국들 간의 본격적인 국제협정(조약과 협약)이 있다. 이것은 주로 국제사법의 영역에서 중요하다. 이들 협정에는 다음의 것들이 있다. 민사 및 상사판결의 관할권 및 집행에 관한 협약(1968). 그러나, 이것은 덴마크를 제외하고 2001년 이사회규칙에 의해 대체되었고, 따라서 현재는 2차 연합법의 일부이다. 회사와 법인의 상호인정에 관한 협약(1968). 특수관계기업 간의 수익의 이전의 조정과 관련한 이중과세의 제거에 관한 협약(1990). 계약채무의 준거법에 관한 협약(1980).

제3절 EU의 행위수단

법규명령제도는 EU가 설립되었을 때 새롭게 마련되어야 했다. 그것은 연합입법이 어떠한 형태를 취하고 어떠한 효과를 가져야 하는지를 무엇보다 먼저 결정되어야 했다. 모든 연합시민들을 위하여 최선의 삶의 조건이 조성될 수 있도록 하기 위하여, 기관들은 여러 회원국들의 서로 다른 경제, 사회 및 적어도 환경 조건을 정비할 수 있어야 했으며, 효과적으로 다시 말하면, 회원국의 호의에 기대지 않고 그렇게 할 수 있어야 했다. 다른 한편으로, 기관들은 필요 이상으로 국내법제도에 간섭하지 않아야 했다. 따라서, 동일한 협정이 세부적인 점들에 대해서도 모든 회원국들에 적용되어야 하는 경우에, 국가협정은 연합입법에 의해 대체되어야 하고, 그러나, 이것이 필요하지 않는 경우에 회원국들의 현행법질서가 정당하게 고려되어야 한다는 원칙에 모든 EU입법제도는 입각하고 있다.

이를 배경으로 하여, 연합기관들이 국가법제도에 다양한 정도로 영향을 미칠 수 있는 일련의 법규범들이 발전되었다. 가장 강력한 행위는 연합규범으로 국가규범을 대체하는 것이다. 또한 연합기관들이 회원국들의 법제도에 간접적으로만 영향을 미치는 연합규범들도 있다. 특정한 사안을 다루기 위하여 제한적이거나 식별가능한 상대방에 대해서만 영향을 미치는 조치들이 또한 취하여질 수 있다. 마지막으로, 회원국들이나 연합시민들에게 아무런 법적 구속력이 없는 법적 명령이 제공되기도 한다.

만일 우리가 그것들이 발령된 사람들과 회원국들에서의 실제적인 효과의 관점에서 EU법규범들의 범위를 본다면, 다음과 같이 분류될 수 있다.

	상대방(수범자)	효과
규칙	모든 회원국, 자연인과 법인	직접 적용가능 완전한 구속력
지침	모든 또는 특정한 회원국	의도한 결과와 관련한 구속력. 특별한 상황에서만 직접 적용가능
결정	특정되지 않음 모든 또는 특정한 회원국; 특정한 자연인 또는 법인	직접 적용가능, 완전한 구속력
권고	모든 또는 특정한 회원국, 기타 EU기구, 개인	구속력 없음
의견	모든 또는 특정한 회원국 기타 EU기구	구속력 없음
	특정되지 않음	구속력 없음

Ⅰ. 연합'법률'로서의 규칙(REGULATION)

연합기관이 국내법제도에 가장 영향을 미칠 수 있게 하는 법적 명령은 규칙이다. 국제법상 매우 보기 드문 두 가지 특징을 나타내면 다음과 같다.

- 첫 번째 특징은 공동체적 성질이다. 이것은 규칙들이 국경선에 관계없이 연합 전체에 동일한 법을 제정하여, 모든 회원국들에게 완전하게 적용된다는 것을 의미한다. 회원국들은 규칙을 불완전하게 적용한다거나, 채택할 때 반대하였거나 국가이익에 반하는 규범은 효력이 발생되지 않는다는 것을 보장하는 수단으로서 회원국이 승인하는 조항들만을 선택할 권한을 갖지 못한다. 또한 회원국들은 국내법조항이나 관습을 들어서 규칙의 의무적 적용을 배제할 수도 없다.

- 두 번째 특징은 직접 적용가능성이다. 이것은 법적 명령이 국내법화될 필요가 없이 국내법과 마찬가지로 연합시민들에게 권리를 부여하거나 의무를 부과한다는 것을 의미한다. 회원국들과 그들이 통제하는 기관들 및 법원들은 연합법의 직접 구속을 받고, 국가법과 마찬가지로 그것을 준수하여야 한다는 것을 의미한다.

이들 법적 명령과 개별 회원국들에서 통과된 실정법 간의 유사성은 명백하다. 만일 이들 법적 명령이 유럽의회의 관여(공동의사결정절차에 따라 - 다음 절 참조)에 의해 시행이 된다면, 그것들은 '법규명령'이라고 말한다. 의회는 규칙에 대해 책임을 지지 않으며, 규칙은 이사회 또는 유럽위원회에 의해 시행될 뿐이다. 따라서 적어도 절차적 관점에서 규칙은 이러한 유형의 입법의 본질적 특징을 결한다.

Ⅱ. 지침(DIRECTIVE)

지침은 규칙과 함께 가장 중요한 법규범이다. 지침의 목적은 연합법의 필요한 통일성의 확보와 국가 전통 및 구조의 다양성의 존중이 라는 이중의 목적들을 조화시키는 것이다. 지침이 주로 목적으로 하는 것은 법의 통일-그것은 규칙의 목적이다-이 아니고, 그 조화이다. 국가법과 규칙 간의 모순과 갈등을 제거하고, 일관성 없음을 단계적으로 해소하여, 가능한 한 모든 회원국들이 동일한 조건에 놓이게 하는 것이다. 지침은 단일시장의 설립에 사용된 주요수단들 가운데 하나다.

지침은 달성될 목적과 관련하여서는 회원국들에 대해 구속력을 갖지만, 합의된 공동체 목적이 어떻게 국내법제도로 편입될 것인지에 대해 결정하는 것은 국가기관에 맡겨져 있다. 이러한 법형식의 논리는 그렇게 함으로써 국내 경제・사회 구조에의 간섭이 보다 완화된 형태를 취할 수 있게 된다는데 있다. 특히, 회원국들은 공동체 규범을 집행할 때 특별한 국내 상황을 고려할 수 있다. 지침은 회원국들의 법률을 대체하는 것이 아니라, 국가법을 공동체규정과 일치하게 적합시킬 의무를 회원국들에게 지우는 것이다. 그 결과는 일반적으로 2단계의 입법절차이다.

첫째, 연합단계에서, 지침은 EU레벨에서 특정된 기간 이내에 그 지침의 발령 상대방인 모든 회원국들이 달성해야 할 목적을 규정한다. 연합기관들은 실제로 회원국들에게 아무런 재량의 여지를 남기지 않을 정도로 상세하게 목적을 기술할 수 있다. 이는 사실 기술기준과 환경보호에 관한 지침에서 이루어져 왔다.

둘째, 국가단계에서, EU레벨에서 설정된 목적은 회원국들의 현실적인 법적 또는 행정적 조항으로 이식된다. 회원국들은 원칙적으로 EU 의무를 국내법화하기 위해 사용되는 형태와 방법을 자유롭게 결정한다고 할지라도, 그들이 EU법에 따라서 국내법화하였는지 여부를 평가하기 위하여 EU기준이 사용된다. 연합시민이 지침에서 나오는 권리와 의무를 행사할 수 있거나, 또는 요건을 갖춘다면 그것들을 국가법원에서 다룰 수 있도록 충분히 명확하고 확실하게 인식될 수 있는 법적 여건이 조성되어야 한다는 것이 일반원칙이다. 이것은 일반적으로 의무적인 국가법조항의 시행이나 현행법규범의 폐지 또는 개정을 포함한다. 행정관행 자체는 특성상 자유롭게 관련기관에 의해 변경될 수 있기 때문에 그것만으로는 충분하지 않다. 그것은 또한 충분히 높은 평판을 갖고 있는 것도 아니다.

지침은 일반적으로 연합시민에게 직접 권리를 부여하거나 의무를 부과하지 않는다. 지침은 회원국에 대해서만 발하여지는 것이 명백하다. 시민들의 권리와 의무는 회원국들의 기관이 지침을 실시하기 위하여 시행한 조치들로부터서만 나온다. 이 점은 회원국들이 실제로 연합의무를 준수하는 한 시민들에게 중요하지 않다. 그러나, 회원국이 연합시민들에게 혜택을 주는 지침에서 설정된 목적을 달성하기 위한 필수적인 집행조치를 취하지 않거나 또는 취한 조치가 부적절한 경우에, 연합시민에게는 불이익이 된다. 사법재판소는 그러한 불이익을 용인하기를 거부하고, 그러한 상황에서 연합시민들은 지침이나 권고에 의해 부여된 권리를 보장받기 위하여 국가법원의 소송에서 그 지침이나 권고가 직접적 효과를 가짐을 주장할 수 있다고 많은 사건에서 판결하여 왔다. 사법재판소는 직접적 효과를 다음과 같이 정의한다.

- 지침의 조항들은 EU시민/기업의 권리를 충분히 명확하고 정확하게 규정하여야 한다.

- 권리의 행사는 조건부가 아니다.
- 국가입법기관들은 시행되는 규범들의 내용에 관하여 재량의 여지를 가질 수 없다.
- 지침의 실시를 위해 허용된 시간이 만료되었다.

직접적 효과에 관한 사법재판소의 판결들은 지침의 요건에 적합시키지 않고 구법을 적용한다면 회원국은 애매모호하고 불법적으로 행위하는 것이 된다는 일반적 견해에 근거한다. 이것은 회원국에 의한 권리의 남용이며, 사법재판소는 지침의 직접적 효과를 인정함으로써 그 회원국이 연합법의 위반으로 아무런 이익도 얻을 수 없다는 것을 확보함으로써 그것과 싸우고자 한다. 그리하여 직접적 효과는 위반 회원국에 벌칙을 부과하는 효과를 가진다. 그러한 의미에서 사법재판소가 시민과 회원국 간의 사건에만 그 원칙을 적용해왔으며, 지침이 시민들의 손해가 아니라 이익이 되는 경우에만, 다시 말하면, 지침에 의해 개정된 법에서의 시민의 지위가 구법에서 보다 유리한 경우에 적용해 왔다는 것이 중요하다('수직적 직접효과'라고 한다). 그러나, 지침의 수직적 직접효과의 적용은 한 개인에게 이익이 되는 지침의 직접효과가 다른 개인의 손해가 될 수 있다는 사실을 금지하는 것은 아니다(이중효과 지침, 이것은 조달법과 환경법에서 자주 보인다). 이러한 손해는 부정적인 법적 반사효로 간주되어야 한다. 이것은 국내법화 기간 동안에 회원국의 법질서를 지침의 목적과 일치시킬 의무로부터 불가피하게 생겨난다. 지침의 수직적 효과의 인정으로 야기되는 더 이상의 손해는 없다.

시민들 자신들 간의 관계에서 지침의 직접효과('수평적 직접효과')

는 사법재판소에 의해 인정되지 않았다. 사법재판소는 동 원칙의 처벌적 성질로부터 사인들은 회원국의 부작위의 결과에 대해 책임이 있다고 할 수 없기 때문에 그것은 사인간의 관계에는 적용될 수 없다고 결론 내린다. 시민들이 의지할 필요가 있는 것은 법의 확실성이며 정당한 기대의 보호이다. 시민들은 국가 실시조치에 의해 달성되고 있는 지침의 효과에 의존할 수 있어야 한다. 그러나, 보다 최근의 판례에서, 사법재판소는 사법적 쟁점에서 지침법의 직접효과의 부정을 완화시켰다. 그것은 한 체약국이 다른 체약국의 국가법에 기인한 권리의 주장에 대해 지침에서 기인한 권리를 주장하는 경우로 제한된다. 이로 인하여, 예컨대, 객관적 국가법의 준수(예컨대, 한 기업이 경쟁기업에 대해 지침법에 위반하는 국가법의 준수를 강제하기를 원하는 경우) 또는 지침의 적용과 모순되는 국가법상의 의무의 이행(지침법을 위반하는 국가금지조항들을 근거로 한 계약의 이행거절과 같은 경우)에 관한 상황에서 지침의 직접 적용가능한 조항들의 수평적 적용에의 길이 열린다.

지침의 직접효과는 지침 조항이 개인에게 권리를 부여한다는 것을 반드시 의미하는 것은 아니다. 사실, 지침 조항들은 객관법적 효력을 가지는 한 직접효과를 갖는다. 직접효과의 인정에 대한 것과 동일한 조건들이 이러한 효력의 인정에 적용된다. 다만 유일한 예외는 연합시민 또는 기업에 대해 명확하고 정확한 법을 제정하는 대신에 명확하고 정확한 의무가 회원국들에 대해 설정되는 경우이다. 이러한 경우에, 모든 기관들, 다시 말하면, 회원국들의 입법자, 행정 및 법원은 지침에 의해 기속되고, 자동적으로 지침을 준수하여야 하며, 지침을 연합법으로서 우선적으로 적용하여야 한다. 추상적으로 말하자면, 따라서 회원국들의 모든 기관들은 또한 지침과 합치되게 국가법을 해석하거나 또는 당해 지침조항과 모순되는 국가법에 대해 지침조항 적용의 우위를 부여할 의무가 있다. 게다가, 지침은 국내법화 기간의 종료 전이라고 할지라도 회원국들에 대해 일정한 제한적 효력을 갖는다. 지침의 구속적 성질과 연합 임무(TEU 제4조)의 달성을 촉진하기 위한 의무라는 관점에서, 회원국들은 국내법화 기간 종료 전에 지침의 목적 달성을 위태롭게 할 수 있는 어떠한 조치도 삼가야 한다.

1991년의 프랑코비치(Francovich)사건과 보니파시(Bonifaci)사건의 판결에서, 사법재판소는 전체건 부분이건 지침을 국내법화하지 못한 이유로 손해가 발생한 경우에 회원국들은 손해배상책임이 있다고 판결하였다. 두 사건은 고용주가 파산한 경우에 피고용인의 보호에 관한 1980년 10월 20일의 이사회지침 80/987/EEC를 제 때에 국내법화하지 않음을 이유로 이탈리아를 상대로 제기된 것으로, 동 지침은 파산을 이유로 하는 해고와 파산 이전의 일정기간 보수청구권을 보호하고자 한 것이었다. 그 목적을 위해, 채권자들로부터 보호하고자 보장기금이 설치되었다. 보장기금은 고용주들, 공적 기관들 또는 양자 모두에 의해 자금이 조달되었다. 지침의 목적은 보장기금으로부터 계속적 보수청구권을 고용근로자들에게 부여하는 것이었지만, 이러한 권리는 국가법원에 의해 직접효력이 부여될 수 없다는 것이 사법재판소가 직면한 문제였다. 그리고, 이것은 보장기금이 설치되지 않았으며 파산과 관련하여 누가 채무자인지를 확정할 수 없었기 때문에, 지침을 국내법화하는 조치가 없는 경우에 고용근로자들은 국가기관들에 대해 보수청구권의 이행을 강제할 수 없었다는 것을 의미한다. 사법재판소는 이탈리아가 지침을 실시하지 않음으로써 당해 고용근로자들의 권리를 박탈하였으며, 따라서 손해배상책임이 있다고 판단하였다. 비록 배상의무에 대해 연합법에 명문으로 규정되지 않았다 하더라도, 사법재판소는 그것을 EU법질서의 구성요소로서 간주한다. 왜냐하면, 연합시민들이 EU법에 위반하여 행위하는 회원국들에 의한 권리의 침해에 대해 배상을 청구해서 받을 가능성을 갖지 못한다면 지침의 완전한 효력은 확보되지 않으며, 그에 의해 부여된 권리들은 보호되지 않을 것이기 때문이다.

Ⅲ. 결정(DECISION)

EU 법적 명령의 세 번째 범주는 결정이다. 몇 가지 경우에, 연합기관들은 스스로 조약들과 규칙들을 실시할 책임이 있고, 이것은 연합기관들이 특정한 개인, 기업 또는 회원국들에 대해 구속력 있는 조치를 취할 지위에 있는 경우에만 가능할 것이다. 회원국들 자신의 제도의 상황도 다소간 동일하다. 즉, 입법은 행정결정의 수단으로 기관들에 의해 개별적인 사안에 적용될 것이다.

EU 법질서에서 결정이 이러한 기능을 맡고 있다. 그런데, 결정은 개별적 사안에서 어떠한 조치가 취하여질 것을 명령하기 위하여 연합기관들이 일반적으로 이용할 수 있는 수단이다. 그리하여, 연합기관들은 회원국이나 개인이 어떠한 행위를 하거나 자제할 것을 요구할 수 있으며, 또는 그들에 대해 권리를 부여하거나 의무를 부과할 수 있다.

결정의 기본적 특징들은 다음과 같이 요약될 수 있다.

1985. 12. 2:3, 룩셈부르크

유럽이사회 사이드라인에서 연방제 지지 유럽인들이
유럽연합과 국경선 폐지를 찬성하는 데모를 하고 있다.
국경선 폐지는 일부 국가들 사이에는 10년 후까지 적용되지 않는다.

- 결정은 개별적 적용가능성이라는 점에 있어서 규칙과 구별된다. 결정의 상대방들은 그 결정에 이름이 기재되어야 하고, 그에 의해 오직 기속되는 것이다. 결정이 내려질 때 상대방들의 범주가 식별될 수 있고, 그런 후에는 확장되지 않을 수 있다면 이 요건은 충족된다. 결정의 실제 내용에 대해 언급이 이루어지고, 그것은 시민의 사정에 직접적이며 개별적인 효과를 가지는 것이어야 한다. 다른 사람들과 구별되는 개인적 성질이나 사정에 의하여 개별적으로 영향을 받고 상대방과 동일하게 식별될 수 있다면, 제3자라도 그 개념에 포함될 수 있다.

- 결정은 완전히 구속력을 가진다는 점에서 지침과 구별된다(반면 지침은 달성될 목적을 단순히 규정할 뿐이다).

- 결정은 상대방들에 대하여 직접적으로 구속력을 갖는다. 어떤 회원국에 대해 내려진 결정은 사실 시민들과 관련하여 지침과 동일한 직접효력을 가질 수 있다.

Ⅳ. 권고와 의견(RECOMMENDATION AND OPINION)

조약들에서 명시적으로 규정된 법적 조치들의 마지막 범주는 권고와 의견이다. 그것들은 연합기관들이 회원국들, 경우에 따라서는 개별 시민들에 대해 견해를 표명할 수 있게 해준다. 그러한 견해는 구속력이 없으며, 상대방에 대해 어떠한 법적 의무도 설정하지 않는다.

권고를 받은 당사자는 요청을 받지만, 특정한 방식으로 행동을 해야 할 법적 의무가 부과되지는 않는다. 예컨대, 어떤 회원국이 법적 또는 행정적 조항을 채택하거나 개정하여 유럽 역내시장에 경쟁의 왜곡을 야기한 경우에, 유럽위원회는 관련국가에 대하여 이러한 왜곡을 회피할 적절한 조치를 권고할 수 있다(TFEU 제117조 제1항 2문).

다른 한편으로, 의견은 연합기관들이 연합이나 개별 회원국들의 일정한 상황이나 발전을 평가할 때에 발하여진다. 몇몇 경우에 의견은 또한 후속적인 법적 구속력 있는 명령들을 준비하거나 사법재판소에 대한 소제기요건이 되기도 한다(TFEU 제258조와 제259조).

권고와 의견들의 실제 중요성은 정치적이며 도덕적이다. 이러한 유형의 법적 명령을 규정할 때, 조약의 입안자들은 연합기관들의 권위와 보다 좁은 국가의 틀을 벗어나 상황에 대한 보다 폭넓은 식견을 전제로 하여, 관련자들이 자발적으로 그들에게 발하여진 권고를 준수하고, 특별한 상황에 대한 연합기관들의 평가에 대해 적절하게 반응할 것이라고 기대하였다. 그러나, 권고와 의견은 후속적인 강제적 수단에 대한 사전적인 경우이거나 또는 발령기관이 약속하여 충족되어야 할 정당한 기대를 낳게 된 경우에 간접적인 법적 효력을 가질 수 있다.

V. 결의, 선언 및 행동계획(RESOLUTION, DECLARATION AND ACTION PROGRAMME)

조약에서 규정된 법적 명령과 함께, 연합기관들은 또한 EU 법질서의 형성을 위한 다양한 다른 행위형식을 이용할 수 있다. 이것들 가운데 가장 중요한 것은 결의, 선언 및 행동계획이다.

결의 : 이것은 유럽이사회, 이사회 및 유럽위원회가 발할 수 있다. 종합적인 통합절차와 EU 안팎의 특정한 임무들에 관한 공동견해 및 의사를 공표한다. EU 내부업무와 관련한 결의는 예컨대, 정치연합, 지역정책, 에너지정책 및 경제통화동맹(특히 유럽통화제도)에 관한 기본적인 문제와 관련된다. 이들 결의의 주된 의미는 이사회의 장래 업무에 정치적 방향성을 부여하는데 도움이 된다는 데 있다. 공동정치의사의 천명으로서, 결의는 이사회에서 합의를 이루는 것을 상당히 더 쉽게 만든다. 게다가, 결의는 공동체와 회원국들에서의 의사결정계층 간의 적어도 최소한의 상호관계를 보장하여 준다. 결의의 법적 의미의 평가에는 이들 기능들이 고려되어야 한다. 다시 말하면, 결의는 유연한 수단으로 남아야 하며, 너무 많은 법적 요건 및 의무에 의해 구속되어서는 안된다.

선언 : 선언에는 다른 2가지 유형이 있다. 선언이 예컨대, EU에 관한 선언(Declaration on the EU), 민주주의에 관한 선언(Declaration on Democracy) 그리고 기본적 권리 및 자유에 관한 선언(Declaration on Fundamental Rights and Freedoms)과 같이 연합의 더 나은 발전과 관련된 경우에, 그것은 다소간 결의와 유사하다. 이러한 유형의 선언은 주로 폭넓은 대중이나 특정한 그룹의 상대방과 접촉하기 위해 사용된다. 다른 유형의 선언은 이사회의 의사결정절차와 관련하여 발하여지며, 이사회 결정의 해석에 관한 모든 또는 개별 이사회 구성원들의 견해를 공표한다. 이러한 유형의 해석적 선언은 이사회에서의 표준적 관행이며, 타협을 이루는 필수적인 수단이다. 선언의 법적 의미는 해석의 기본원칙에 의해 평가되어야 하며, 그에 따라서

어떤 법조항의 의미를 해석할 때 핵심요인은 모든 경우에 그 법조항 제정자의 밑바탕을 이루는 의도가 되어야 한다는 것이다. 그러나, 이 원칙은 그 선언이 일반의 관심을 필수적으로 받을 경우에 타당할 뿐이다. 이러한 이유는 예컨대, 개인에게 직접적 권리를 부여하는 2차 연합법이 공개되지 않은 2차 협정에 의해 제한될 수 없기 때문이다.

행동계획 : 이 계획들은 그들 자신의 발의로 또는 유럽이사회의 권유에 따라 이사회와 유럽위원회에 의해 작성되며, 조약에 규정된 입법계획과 일반목적들을 실행하는데 기여한다. 만일 계획이 조약에서 구체적으로 규정되어 있다면, 연합기관들은 계획을 수립할 때 그 규정에 기속된다. 연합에서 이들 계획은 백서의 형식으로 발행된다. 다른 한편으로, 다른 계획들은 실제 아무런 법적 구속력이 없는 일반적인 가이드라인으로 간주될 뿐이다. 그러나, 이것들은 연합기관들의 의도된 행위들의 표시이다. 그러한 계획들은 연합에서 녹서로 발행된다.

Ⅵ. 공표와 통지(PUBLICATION AND COMMUNICATION)

규칙, 모든 회원국들에게 발한 지침과 누구에게 발한 것인지 특정되지 않은 결정 형식의 법규명령은 유럽연합공보로 공표된다(Series L = Legislation). 그것들은 공보에서 특정된 일자에, 또는 일자의 특정이 없다면 발행일로부터 20일에 효력이 발생된다.

규칙, 지침 또는 결정 – 결정은 그것이 누구에게 발하여진 것인지를 특정하지 않을 때 – 의 형식으로 채택된 비법규명령은 그것을 채택한 기관의 장에 의해 서명된다. 그것들은 공보로 공표된다(Series

C = Communication).

그 밖의 지침과 상대방이 특정된 결정은 그 상대방에게 통지되며, 그러한 통지가 되었을 때 효력을 발생한다.

비구속적 규범들을 공표하고 연락할 의무는 없지만, 그것들도 일반적으로 공보로 공표된다('Notices').

제4절 EU의 입법절차

한 국가에서 국민의 의사는 일반적으로 의회에서 표시되는 반면, EU의 의사를 표시하는데 결정적인 역할을 한 것은 오랫동안 이사회에서의 회원국 정부의 대표들이었다. 이러한 이유는 EU가 단지 하나의 '유럽국가'로 구성된 것이 아니라, 그 존재와 형식이 회원국들의 결합된 투입에 의한 것이기 때문이었다. 회원국들은 그들 주권의 일부를 EU에 이전하였을 뿐만 아니라, 주권을 행사하기 위하여 통합권력을 유지한다는 양해 위에 공동출자한 것이었다. 그러나, 연합통합과정이 발전하고 심화됨에 따라, 원래 회원국들의 국가이익의 방어를 위해 준비된 EU 의사결정절차에서의 이러한 권력분립은 유럽의회의 지위의 끊임없는 향상과 더불어 훨씬 더 균형 잡힌 것으로 발전되었다. 유럽의회는 단지 자문을 받는 원래의 절차가 이사회와의 협력을 포함하는 것으로 무엇보다 우선 확장되었으며, 그리고 마침내 EU 입법절차에서 공동결정권이 부여되었다.

리스본조약에 따라서, 의회의 이러한 공동결정권은 '일반입법절차', 즉 '일반규칙'이 되었으며, 그에 의해 EU의 민주적 역량을 더욱 강화하게 되었다. 공동결정절차는 유럽위원회가 제출한 제안에 대해 유럽의회와 이사회에 의한 규칙, 지침 또는 결정의 공동채택으로 이루어진다. 소수의 명시적인 경우에만 이사회의 참여와 함께 유럽의회에 의한, 또는 유럽의회의 참여와 함께 이사회에 의한 규칙, 지침 또는 결정의 채택이 특별입법절차를 형성한다. 이러한 입법절차에 더하여, 또한 법규범의 효력발생에 대한 최종결정을 유럽의회에 주는 '승인절차'와 비구속적 법규범이 오직 하나의 연합기관에 의해 발령될 때 사용되는 '약식절차'가 있다.

Ⅰ. 절차과정

1. 수립단계

절차는 원칙적으로 유럽위원회의 동의로 이루어지는 바, 유럽위원회는 취하여야 할 연합의 조치('발의권'으로 알려져 있다)에 대한 제안을 작성한다. 제안은 특정분야를 취급하는 유럽위원회 부서가 준비한다. 그 부서는 이 단계에서 자주 회원국 전문가들의 자문을 받을 것이다. 이것은 종종 특별히 소집된 위원회에서 심의의 형태를 취하기도 한다. 그 대신에, 위원회의 관련부서가 전문가들에게 질문을 하는 형식이 될 수도 있다. 그러나, 유럽위원회는 의안을 작성할 때 국가 전문가의 조언을 받아야 하는 것은 아니다. 유럽위원회가 작성한 초안은 그 조치의 내용과 형식을 아주 세부적으로 기술하여, 단순 다수결로 채택이 되면, 전체 유럽위원회로 간다. 그것은 현재 '위원회 제안'이 되어, 이사회와 유럽의회에 동시에 송부되며, 자문이 요구되는 경우에 상세한 설명과 함께 유럽경제사회위원회와 지역위원회에 송부된다.

일반입법절차(TFEU 294조)

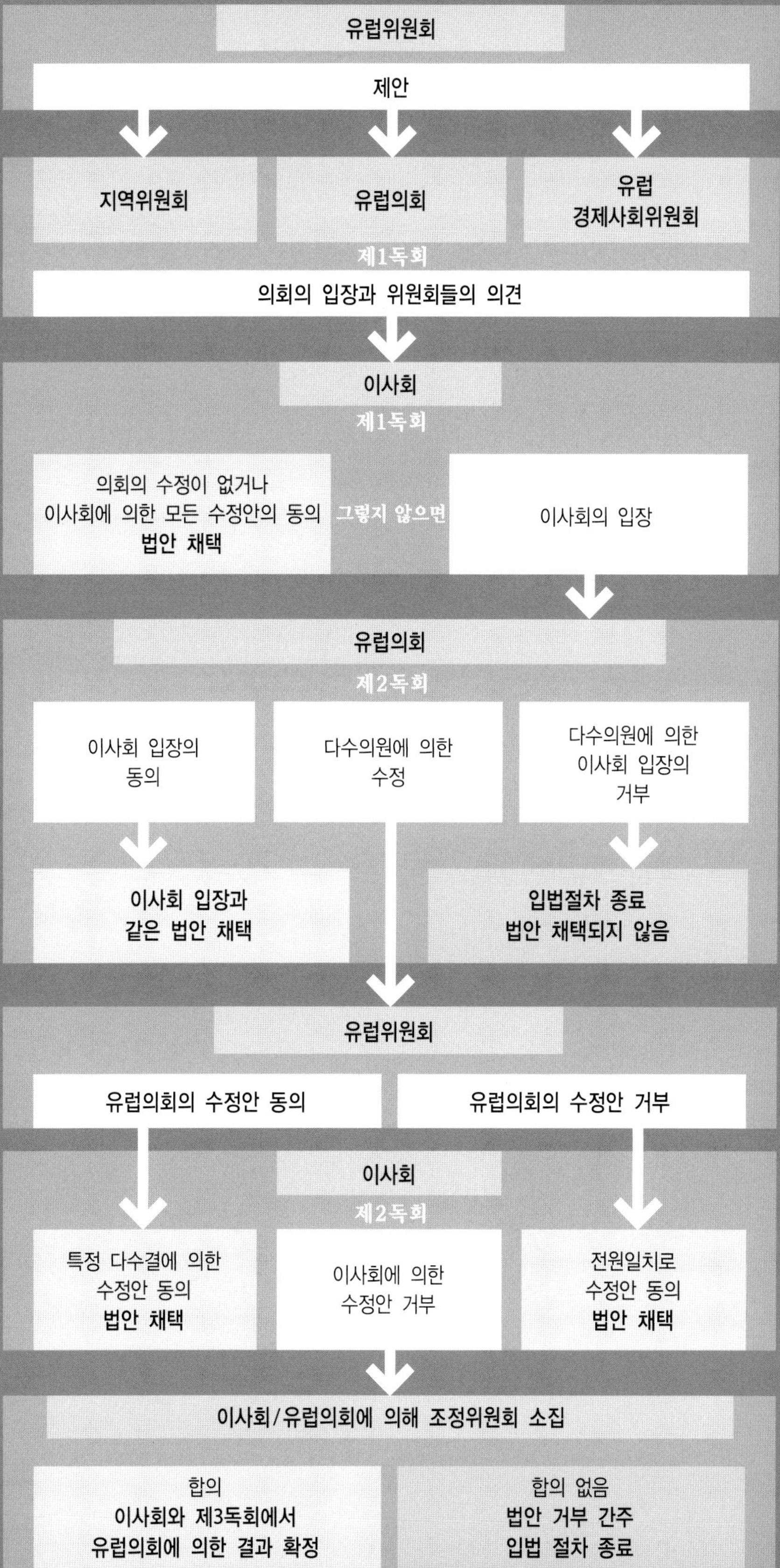

2. 유럽의회와 이사회의 제1독회

유럽의회 의장은 보다 심도있는 심의를 위해 의회조정위원회에 그 제안을 보낸다. 조정위원회의 심의 결과는 의회 본회의에서 토론되며, 그 제안을 수락하거나 거부할 수 있고 또는 수정을 요청할 수 있는 의견의 형태로 발표된다. 그리고 의회는 이사회에 그 입장을 보낸다.

이사회는 이제 제1독회에서 다음과 같이 행동할 수 있다.

- 만일 이사회가 유럽의회의 입장에 동의한다면, 그 법안은 그러한 입장의 형태로 채택된다. 이것은 입법절차의 종료를 표시한다.

- 만일 이사회가 유럽의회의 입장을 동의하지 않는다면, 이사회는 제1독회에서 그 입장을 채택하고 그것을 유럽의회에 전달한다.

이사회는 유럽의회에 자기의 입장을 채택하게 된 이유를 충분히 알린다. 유럽위원회는 유럽의회에 그 입장을 충분히 알린다.

3. 유럽의회와 이사회에서의 제2독회

유럽의회는 이사회의 입장을 전달받은 때부터 3개월 내에 다음의 하나를 행한다.

(1) 이사회의 입장을 동의하거나 아무런 결정을 취하지 않는다. 그러면, 관련법안은 이사회의 입장과 부합하는 법안으로 채택된 것으로 간주된다.

(2) 구성원의 다수로 이사회의 입장을 거부한다. 그러면, 법안은 채택되지 않은 것으로 간주되며, 입법절차는 종료한다.

(3) 구성원의 다수로 이사회의 입장을 수정한다. 그러면, 그렇게 수정된 법안은 이사회와 유럽위원회로 송부되며, 의회는 그들 수정에 관한 의견을 전달한다.

이사회는 수정된 입장을 토론하고, 유럽의회의 수정을 받은 날부터 3개월 이내에 다음의 하나를 행한다.

(1) 이사회는 유럽의회의 모든 수정을 동의할 수 있다. 그러면, 당해 법안은 채택된 것으로 간주된다. 유럽위원회가 또한 그 수정에 동의한다면 특정다수결로 충분하지만, 동의하지 아니한 경우에는 이사회는 전원일치에 의해서만 유럽의회의 수정을 동의할 수 있다.

(2) 이사회는 유럽의회의 모든 수정을 동의하지 않을 것을 선택할 수 있고, 또는 이사회는 요구된 다수결을 얻지 못할 수 있다. 이러한 경우에 조정절차에 들어간다.

4. 조정절차

조정절차는 유럽의회 의장과 협의하여 이사회 의장이 개시한다.

조정위원회는 이사회의 핵심이며, 현재 이사회와 유럽의회로부터 각각 27인의 대표로 구성되어 있다. 조정위원회는 제2독회에서의 유럽의회와 이사회의 입장을 기초로 하여 이사회가 소집된 6주 이내에 특정다수결에 의해 공동법안에 대한 합의 도출을 그 임무로 한다.

유럽위원회는 조정위원회의 절차에 참여하며, 유럽의회와 이사회의 입장을 조정하기 위하여 모든 필요한 주도권을 취한다.

만일 조정위원회가 소집되어 6주 이내에 조정위원회가 공동법안을 동의하지 않는다면, 법안은 채택되지 않은 것으로 간주된다.

5. 유럽의회와 이사회에서의 제3독회

만일 6주 이내에 조정위원회가 공동법안에 동의한다면, 유럽의회는 다수결 투표에 의해, 그리고 이사회는 특정다수결로 각각 공동법안에 따라서 당해 법안을 채택하기 위하여 그 동의한 날로부터 6주의 기간을 갖는다. 만일 유럽의회와 이사회가 채택하지 못한다면, 법안은 채택되지 않은 것으로 간주되고, 그 입법절차는 종료된다.

Ⅱ. 공표

최종법안(현재 연합의 24개 공식언어 : 불가리아어, 크로아티아어, 체코어, 덴마크어, 네덜란드어, 영어, 에스토니아어, 핀란드어, 프랑스어, 독일어, 그리스어, 헝가리어, 아일랜드어, 이탈리아어, 라트비아어, 리투아니아어, 몰타어, 폴란드어, 포르투칼어, 루마니아어,

슬로바키아어, 슬로베니아어, 스페인어, 스웨덴어)은 유럽의회와 이사회의 장들이 서명하고, 유럽의회공보로 공표되거나, 또는 그 법안이 특정 그룹에 대한 것이라면 그들에게 통지된다.

공동결정절차는 유럽의회로서는 도전이자 기회를 나타낸다. 만일 그 절차가 성공적으로 운영된다면, 조정위원회에서 합의가 이루어져야 할 것이다. 그러나, 그 절차는 또한 유럽의회와 이사회의 관계를 급격하게 변경시킨다. 두 기관들은 현재 입법절차에서 동등한 지위에 놓여 있으며, 타협능력을 과시하고 합의에 이르기 위하여 조정위원회에서 그들의 에너지를 쏟는 것은 유럽의회와 이사회의 책임이다.

1. 승인절차

입법절차에서 또 하나의 주요한 의회 관여형식은 승인절차이다. 법규범은 의회의 사전승인에 의해 채택될 수 있을 뿐이다. 그러나, 이 절차는 유럽의회에게 법조항의 성질에 직접적으로 영향을 미칠 여지를 주는 것은 아니다. 예컨대, 의회는 승인절차 중에 어떠한 수정안을 요청하거나 그 수락을 확보할 수 없다. 즉, 그 역할은 제출된 법안을 수락할 것인지 거부할 것인지로 제한된다.

새로운 회원국들의 가입, 제휴협정의 체결, EU의 중요한 예산상 의미를 가진 협정과 일반입법절차가 적용되는 정책분야에서의 비회원국들과의 협정과 관련하여 이러한 절차가 제공된다(TFEU 제218조 제6항).

2. 약식절차

약식절차에서는 입법절차의 개시를 위한 유럽위원회 제안이 필요하지 않다.

이 절차는 유럽위원회 자신의 권한 범위 내의 조치(국가지원의 승인과 같은)에 적용된다.

약식절차는 또한 비구속적 규범, 특히 유럽위원회 또는 이사회가 발하는 권고와 의견의 채택에 대해서 이용된다. 유럽위원회는 조약에서 명시적으로 규정된 것으로 제한되지 않고, 필요하다고 생각하는 경우에 또한 권고를 작성할 수 있으며 의견을 전달할 수 있다.

약식절차에서 법적 명령은 단순다수결로 채택된다.

제5절 EU의 법적 보호제도

법의 지배를 받는 공동체가 되고자 열망하는 연합은 그 시민들에게 완벽하고 효율적인 법적 보호제도를 제공하여야 한다. 유럽연합의 법적 보호제도는 이러한 요건을 충족한다. 그것은 EU법에서 도출되는 권리의 효율적인 사법적 보호에 대한 개인의 권리를 인정한다. 이러한 보호는 회원국들에 공통되는 헌법적 전통과 유럽인권협약(제6조와 제13조)에서 유래하고, EU법제도(사법재판소, 일반재판소와 전문법원들)에 의해 보장되는 근본적 법원칙의 하나이다. 아래에서 설명되는 바와 같이, 이러한 목적을 위하여 일련의 절차들이 이용될 수 있다.

Ⅰ. 조약위반소송(TFEU 제258조)

이것은 어떤 회원국이 연합법에 의해 부과된 의무를 이행하지 않았는지 여부를 확정하기 위한 절차이다. 그것은 전적으로 유럽연합 사법재판소만이 수행할 수 있다. 제소의 심각성을 고려하여, 사법재판소에의 제소는 해당 회원국에게 의견을 제출할 기회를 주는 사전 절차를 거쳐야 한다. 만일 분쟁이 그 단계에서 해결되지 않으면, 유럽위원회(TFEU 제258조) 또는 다른 회원국(TFEU 제259조)은 사법재판소에 소를 제기할 수 있다. 실제로는 일반적으로 유럽위원회가 주로 그 역할을 한다. 사법재판소는 그 사건을 조사하여 조약이 위반되었는지 여부를 결정한다. 만일 위반하였다면, 위반 회원국은 적합에 필요한 조치를 취할 것을 요구 받는다. 만일 회원국이 그에 대한 판결을 준수하지 않는다면, 유럽위원회는 그 회원국에게 일괄금 또는 벌금의 납부를 명하는 두 번째 판결을 받을 수 있다(TFEU 제260조). 따라서, 회원국이 조약위반이라는 법원판결을 계속해서 무시하는 것은 재정적으로 중대한 영향을 미친다.

Ⅱ. 무효확인소송(TFEU 제263조)

무효확인소송은 연합기관 및 기구들의 행위에 대한 객관적 사법통제의 수단이며(추상적 사법심사), 약간의 제한은 있지만 시민들에게 EU 사법에의 접근을 제공한다(개별적 법적 보호의 보장).

무효확인소송은 법적 지위를 중대하게 변경시킴으로써 신청인의 이익에 영향을 미칠 가능성이 있는, 구속력 있는 법적 효과를 낳는 연합기관 및 기구들의 모든 조치에 대해서 제기될 수 있다. 회원국들 이외에도, 유럽의회, 이사회, 유럽위원회, 회계법원, 유럽중앙은행과 지역위원회도 또한 자신들에게 부여된 권리가 침해된 경우에 무효확인소송을 제기할 수 있다.

다른 한편으로, 시민과 기업은 개인적으로 자기에게 발하여진 또는 타인에게 발하여진 경우라도 자기에게 직접적이고 개별적 효과를 갖는 결정에 대하여 제기할 수 있을 뿐이다. 어떤 사람이 자기와 타인 또는 기업 간의 구별이 명확하게 존재할 정도로 구체적으로 영향을 받는다면, 사법재판소는 이러한 경우에도 소를 제기할 수 있는 것으로 간주한다. 이러한 '직접성' 기준은 원고의 법적 지위가 불리하게 영향을 받는다는 사실이 그러한 불리한 효과의 성질과 함께 명백히 입증된다면, 사법재판소 또는 일반재판소에 소를 제기할 수 있다는 것을 보장하고자 하는 것이다. '개별적 관련' 요건은 또한 '관계인소송'(relator suits)이 제기되는 것을 방지하고자 하는 것이다.

만일 그 소송에서 승리한다면, 사법재판소 또는 일반재판소는 소급적 효과로써 그 법규범의 무효를 선언할 수 있다. 일정한 사정에서는 사법재판소 또는 일반재판소는 단지 판결일부터서만 그 법규범의 무효를 선언할 수 있다. 그러나, 법적 소송을 제기하는 자들의 권리 이익을 보장하기 위하여, 무효선언은 그러한 제한을 받지 않을 수 있다.

Ⅲ. 부작위소송(TFEU 제265조)

이 소송유형은 유럽의회, 유럽이사회, 이사회, 유럽위원회와 유럽중앙은행을 상대로 하여 이용할 수 있는 법적 보호를 보완해준다. 원고는 사전절차로서 먼저 해당 기관에 대해 그 의무의 이행을 통지하여야 한다. 기관들이 소송에서 청구하는 명령은 관련기구가 요구되는 결정을 해태함으로써 조약을 위반하였다는 선언이다. 시민이나 기업이 소송을 제기하는 경우에, 그것은 그 기관이 자신들에게 개별적 결정을 해태함으로써 조약을 위반하였다는 선언을 위한 것이다. 판결은 그러한 해태가 위법함을 인정할 뿐이다. 사법재판소/일반재판소는 결정이 취하여질 것을 명령할 재판권이 없다. 즉, 패소판결을 받은 당사자는 그 판결을 준수하기 위한 조치들을 취할 것이 요구될 뿐이다(TFEU 제266조).

Ⅳ. 손해배상소송(TFEU 제268조와 제340조 제2항)

EU직원이 저지른 과실로 인하여 손해를 입은 시민들과 기업들은 – 그리고 회원국들도 – 사법재판소에 손해배상소송을 제기할 수 있다. EU책임의 기초는 조약에 의하여 완벽하게 규정되어 있지 않으며, 그밖에도 회원국법에 공통된 일반원칙에 의해 규율된다. 사법재판소는 이 원칙을 구체화시켜, 손해배상이 이루어질 수 있기 위해서는 다음의 조건들이 충족되어야 한다고 판결하였다. (1) 연합기관 또는 그 구성원이 직무를 수행함에 있어서 불법행위가 있어야 한다. 개인, 기업 또는 회원국에 대해 권리를 부여하는 또는 그들을 보호하기 위하여 통과된 연합법의 지배에 대한 심각한 침해가 있을 때, 불법행위가 발생한다. 보호적 성질을 가지는 것으로 인정된 법들은 특히 역내시장의 기본적 권리와 자유 또는 정당한 기대의 보호와 비례성의 기본원칙들이다. 만일 관련 기관이 그 재량권의 한계를 상당한 정도로 초월한 경우에 그 침해는 충분히 중대하다. 사법재판소는 침해조치에 의해 영향을 받은 사람들의 범위와 입은 손해의 정도를 좁게 판결하는 경향이 있다. 손해의 정도는 관련 사업분야에서 합리적으로 기대될 수 있는 영업적 리스크를 초과하는 것이어야 한다. (2) 현실적 손해가 발생하였어야 한다. (3) 연합기관의 행위와 입은 손해 간의 인과관계가 있어야 한다. (4) 고의 또는 과실은 입증될 필요가 없다.

Ⅴ. 공동체 직원에 의한 소송(TFEU 제270조)

EU와 그 직원 또는 고용관계로부터 발생하는 그들 생존 가족 간의 분쟁도 또한 사법재판소에 제기될 수 있다. 이들 소송에 대한 재판 관할권은 일반재판소에 부설된 직원전문법원에 있다.

Ⅵ. 연합특허분쟁(TFEU 제257조와 제262조)

연합특허법원의 설치를 위한 법적 근거는 니스조약에 의해 도입되었다. 연합특허법원은 아직 창설되지 않았지만 사법재판소에 설치될 것이며, 장래 연합특허제도에 대한 분쟁과 관련한 재판권을 가지게 될 것이다. 특히, 그것은 연합특허의 침해 및 효력과 관련된 소송을 다룰 것이다. 연합특허제도의 창설은 단일절차에 의함으로써 모든 EU회원국들에서의 새로운 발명의 보호를 보다 저렴하고 용이하게 함을 그 목적으로 한다. 그리하여, 특허법원은 유럽 혁신가들이 겪는 경쟁상의 불리를 제거하고, 연구 및 개발에 투자를 촉진하게 될 것이다.

Ⅶ. 상소절차(TFEU 제256조 제2항)

사법재판소와 일반재판소의 관계는 일반재판소의 판결은 오직 법적 쟁점에 대해서만 사법재판소에 상소할 권리가 있는 것으로 설계되었다. 일반재판소의 사물관할권의 결여, 상소인의 이익에 불리하게 영향을 미치는 절차의 위반 또는 일반재판소에 의한 연합법의 위반을 근거로 상소할 수 있다. 만일 상소가 정당화되고 절차적으로 허용된다면, 일반재판소의 판결은 사법재판소에 의하여 파기된다. 만일 사안이 판결을 할만큼 성숙하다면, 사법재판소는 자신의 판결을 할 수 있다. 그렇지 않다면, 그것은 일반재판소로 환송되어야 하며, 일반재판소는 사법재판소의 법적 평가에 기속된다.

일반재판소는 전문법원의 판결을 일종의 상소심으로서 심리하기 때문에, 현재 전문법원과 일반재판소 간에도 유사한 제도가 존재한다. 일반재판소의 (항소심)판결은 오직 특별한 사정 아래에서이지만, 다시 사법재판소에 의해 재심사될 수 있다.

Ⅷ. 잠정적 법적 보호(TFEU 제278조와 제279조)

사법재판소나 일반재판소에 제기된 소송, 또는 그들 판결에 대해 제기된 상소는 중지적 효력이 없다. 그러나, 사법재판소나 일반재판소에 계쟁법령의 적용 정지명령(TFEU 제278조) 또는 가명령(TFEU 제279조)을 신청할 수 있다.

법원은 다음 3가지 기준을 근거로 하여 잠정적 조치의 신청에 대해 본안을 판단한다. (1) 주요쟁점에 관한 승소 가능성(fumus boni juris). 이것은 상소인이 제출한 주장의 사전적 약식심리절차에서 법원이 판단한다. (2) 명령의 긴급성. 이것은 상소인이 신청한 명령이 심각하고 회복 불가능한 손해를 회피하기 위하여 필요한지 여부를 근거로 하여 판단된다. 이러한 판단을 하기 위하여 사용되는 기준은 침해의 성질과 심각성, 그리고 상소인의 재산 및 다른 법적 보호의 대상에 대해 구체적이고 돌이킬 수 없게 불리한 효과를 포함한다. 금전적 손실은 상소인이 본안소송에서 승소한다고 할지라도 보상받을 수 없는 경우에만 심각하고 회복불가능한 성질의 것으로 간주된다. (3) 이익의 형량. 가명령 신청이 기각되는 경우 상소인이 입을 불리한 효과는 그 조치의 즉시집행에서의 EU의 이익과, 그리고 가명령이 발하여지는 경우에 제3자에 대한 불리한 효과와 형량된다.

Ⅸ. 선결적 판결(TFEU 제267조)

이것은 국가법원이 사법재판소에게 연합법에 관한 지도를 구할 수 있는 절차이다. 국가법원은 제기된 사건에서 연합법조항의 적용을 요구받는 경우에 소송을 정지시키고, 사법재판소에 쟁점이 되는 연합법규범의 유효성과(또는) 법규범 및 조약의 해석에 관하여 명확히 하여 줄 것을 제청할 수 있다. 사법재판소는 자문적 의견보다는 판결의 형식으로 응답한다. 이것은 사법재판소 판정의 구속적 성질을 강조한 것이다. 선결적 판결절차는 여기서 검토 중인 다른 절차와 달리 계쟁절차가 아니라 단지 국가법원에서 시작되어 종료되는 소송의 한 단계일 뿐이다.

그 목적은 연합법의 통일적 해석과 그에 따라서 EU법질서의 통일을 확보하는 것이다. 후자의 기능과 더불어, 그 절차는 또한 개별적 권리의 보호에 있어서도 중요하다. 국가법원들은 국가법과 연합법의 양립가능성을 판단할 수 있을 뿐이고, 만일 연합법조항의 내용과 범위가 명백하게 규정되어 있다면 양립불가능한 경우에는 연합법을 집행한다. 그것은 우위성을 가지며 직접 적용가능하다. 이러한 명확성은 일반적으로 사법재판소의 선결적 판결만이 낳을 수 있는 것이다. 이것은 선결적 판결소송에 의하여 연합시민들이 EU법을 위반한 그들 자신의 회원국의 행위를 다투며, 국가법원에서 연합법의 집행을 보장받을 기회를 갖는다는 것을 의미한다. 선결적 판결소송의 이러한 이중적 기능은 개인들이 사법재판소에 소를 직접 제기하는 것에 대한 제약을 어느 정도 보충해 주며, 그래서 개인의 법적 보호를 위해 매우 중요하다. 그러나, 이 소송의 성공은 궁극적으로 회원국 판사와 법원이 얼마나 '민감하게' 사건을 보다 높은 권위로 업그레이드시킬 것인가에 달려있다.

대상 문제 : 사법재판소는 연합법규범들의 해석에 대해 결정하고, 법적으로 중요한 연합기관들의 명령의 유효성을 심리한다. 국가법규정은 선결적 판결의 대상이 될 수 없다. 선결적 판결소송에서 사법재판소는 국가법을 해석하거나 연합법과의 양립가능성을 판단할 권한이 부여되지 않았다. 이러한 사실은 종종 사법재판소에 제청된 문제들에서 간과된다. 사법재판소는 국가법조항과 연합법조항의 양립가능성이 구체적으로 관련된 많은 문제들에 대해 검토할 것을 요청받거나 또는 국가법원에 계속되어 있는 소송에서 연합법의 특정조항의 적용가능성에 대해 결정할 것을 요청받는다. 이들 문제는 사실상 절차적으로 허용될 수 없지만, 사법재판소는 그것들을 국가법원으로 그냥 되돌려 보내지 않는다. 그 대신, 사법재판소는 관련 연합

법조항의 해석을 위한 기본적이거나 본질적인 기준의 제청법원에 의한 요청으로서 제청된 문제를 재해석하여, 국가법원이 국가법과 연합법 간의 양립가능성에 대해 스스로 판단할 수 있도록 하여 준다. 사법재판소에 의해 채택된 절차는 제출된 문서로부터－특히 제청의 근거들－ 근저를 이루는 법적 분쟁을 위하여 해석될 필요가 있는 연합법의 그 요소들을 추출하는 것이다.

제청적격 : 이 절차는 '회원국의 법원들' 모두가 이용할 수 있다. 이러한 표현은 연합법의 의미 내에서 이해되어야 하고, 그 명칭에 초점을 맞추기 보다는 오히려 회원국의 법적 보호제도 내에서 사법기관이 차지하는 기능과 지위에 초점을 맞춘 것이다. 이러한 기초 위에, '법원들'은 적법절차에 따라서 헌법국가에서의 분쟁을 해결하도록 권한을 위임받은 모든 독립적 기관들(즉, 지시에 따르지 않는)을 의미하는 것으로 이해된다. 이러한 개념정의에 따르면, 회원국들의 헌법재판소와 국가사법제도 밖의 분쟁해결기관들－그러나, 사적 중재심판소가 아닌 것－도 또한 사건을 제청할 자격이 있다. 제청을 할 것인지 여부에 대한 국가법원의 결정은 법원에 제기된 분쟁의 해결을 위해 문제가 되는 공동체법의 쟁점의 관련성에 의존할 것이다. 그것은 국가법원이 판단할 문제이다. 당사자들은 법원에 대해 사건의 제청을 요청할 수 있을 뿐이지 요구할 수 있는 것이 아니다. 사법재판소는 관련문제가 제청하여야 할 대상인지 여부(즉, 문제가 실제 연합조약의 해석 또는 연합기관 명령의 법적 유효성과 관련되는지 여부) 또는 순수한 법적 분쟁이 관련되는지 여부(즉, 사법재판소가 선결적 판결로 법적 의견을 줄 문제가 단순히 가정적인 것인지 또는 이미 해결된 법적 쟁점과 관련된 것인지 여부)의 관점에서만 쟁점의 관련성을 고려한다. 사법재판소가 이러한 이유로 사안을 검토할 것

을 거부하는 것은 예외적이다. 왜냐하면, 사법기관들 간의 협력이 특별히 중요한 것을 고려하여, 사법재판소는 이들 기준을 적용할 때 자제를 하기 때문이다. 그럼에도 불구하고, 사법재판소의 최근 판결은 제청적격성에 대해 보다 엄격해졌음을 보여준다. 그것은 제청명령이 본안소송의 사실적·법적 배경을 충분히 명확하고 상세하게 설명하여야 하고, 이러한 정보가 제공되지 않는다면 사법재판소는 연합법의 적절한 해석을 줄 수 없다고 선언하여, 선결적 판결의 청구를 허용할 수 없어서 기각한다고 하는 이미 확립된 요건에 대해 사법재판소가 대단히 까다롭다고 하는 점에서 그러하다.

제청의무 : 국가법상 그 판결에 대해 사법적 구제제도가 없는 국가법원 또는 심판소는 제청의무가 있다. 상소권 개념은 판결이 사실 및 법률의 면에서(상소) 또는 오직 법률의 면에서만(법적 쟁점에 대한 상소) 재심사될 수 있는 모든 형태의 법적 구제를 포함한다. 그러나, 그 개념은 제한적이며 특정적인 효과를 가진 일반적인 법적 구제(예컨대, 새로운 소송, 헌법소송)를 포함하지 않는다. 사건을 제청할 의무가 있는 법원은 그 문제가 사건의 결과에 대해 실질적으로 중요하지 않거나 사법재판소에 의해 이미 응답이 되었거나 또는 연합법의 해석이 합리적인 의문을 갖지 않는 경우에만 그러한 제청을 회피할 수 있을 뿐이다. 그러나, 제청의무는 연합법규범의 유효성이 쟁점이 되는 경우에는 무조건적이다. 사법재판소는 이러한 점에서 자신만이 불법적인 연합법규정을 부정할 권한을 가지고 있음을 매우 명확히 하였다. 따라서, 국가법원은 사법재판소에 의해 연합법이 무효라고 선언될 때까지는 연합법을 적용하고 준수하여야 한다. 잠정적인 법적 보호를 위한 소송에서 법원은 특별한 타협의 적용을 받는다. 사법재판소의 최근 판결에 따르면, 이들 법원은 일정한 조건에

따라서 연합규칙으로부터 도출되는 국가행정명령의 집행을 정지시키거나 또는 현행 연합법규정을 무시하는 동안에는 법적 관계의 정비를 잠정적으로 결정하기 위하여 가명령을 발할 권한이 부여된다.

제청의무가 면제되지 않는다면 연합조약을 위반하게 되며, 관련 회원국은 위반소송에 책임을 지게 될 수 있다. 그러나, 실제로 그러한 소송과정의 효과는 매우 제한적이다. 왜냐하면, 사법부의 독립성과 권력분립의 원칙에 의해 회원국 정부가 국가법원에 지시를 할 수 없어서, 관련 회원국 정부는 사법재판소가 내린 명령을 준수할 수 없기 때문이다. 연합조약을 준수하지 못한 것에 대해 연합법상 회원국 책임의 원칙이 인정되어 왔기 때문에(다음 표제 참조), 관련 회원국이 제청의무를 충족하지 못한 것으로부터 생긴 손해배상소송을 개인이 제기할 수 있다면 승소가능성이 더 높아질 것이다.

효과 : 재판소명령의 형태로 내려진 선결적 판결은 제청법원과, 유사한 사건을 심리하는 다른 모든 법원에 대해 직접 기속력을 갖는다. 실제로 선결적 판결은 유사한 성격의 후속사건들에 대해 선례로서 매우 높은 지위를 갖는다.

제6절 회원국의 연합법 위반책임

회원국의 귀책사유로 인한 연합법 위반의 결과로 개인이 입은 손해에 대한 그 회원국의 책임은 병합사건인 C-46/93 Brasserie du pecheur와 C-48/93 Factortame 1996년 3월 5일의 판결에서 사법재판소에 의해 원칙으로 확립되었다. 이것은 연합법 우위, 연합법규정의 직접 적용가능성과 연합 자신의 기본권 세트의 인정에 관한 사법재판소의 초기판결과 동등한 선례설정적 판결이었다. 사법재판소는 심지어 동 판결을 '공동체규정의 위반으로 인해 야기된 손해배상책임의 직접적 효과의 필연적인 결과'라고 언급하였으며, 동 판결로 인해 개인이 국가권력의 세 개의 중심기관들(즉, 입법부, 집행부와 사법부)이 연합법을 준수하고 실시하도록 강제할 가능성이 상당히 높아졌다. 동 판결은 사법재판소의 Francovich 판결과 Bonifaci 판결이 더욱 발전된 것이다. 초기의 판결들은 지침이 개인들에게 직접적으로 발령된 것은 아니지만 개인적 권리를 부여한 경우에 그 지침을 적시에 국내법화하지 않은 결과 개인들이 손해를 입은 사례들로 회원국들의 책임이 제한된 반면, 최근의 판결은 회원국의 귀책사유로 인한 연합법 위반을 둘러싼 일반책임의 원칙을 확립하였다.

Ⅰ. 법행위 또는 부작위에 대한 회원국의 책임

이러한 책임유형은 유사한 상황에서 연합에 적용되는 것들과 매우 동일한 세 개의 기준으로 정의된다.

(1) 위반된 연합규정의 목적은 개인에게 권리를 부여하는 것이어야 한다.

(2) 위반은 충분히 중대한 것이어야 한다. 즉, 회원국은 상당한 정도로 그 재량권의 한계를 명백하게 초월한 것이어야 한다. 국가법원이 이를 결정하여야 하며, 국가법원만이 사실관계를 확정하여 연합법 위반의 중대성을 평가할 책임이 있다. 그렇지만, 사법재판소의 판결은 국가법원들에게 다수의 기본지침을 제공한다.

> '관할법원이 고려할 수 있는 요소들에는 위반된 규정의 명확성 및 정확성, 그 규정이 국가기관 또는 공동체기관들에게 부여한 재량적 조치, 그 위반과 그로 인해 야기된 손해가 고의적인 것인지 비자발적인 것인지 여부, 법률의 오류가 용납될 수 있는 것인지 또는 용납될 수 없는 것인지, 공동체기관이 취한 입장이 부작위에 대해 기여할 수 있었던 사실, 그리고 공동체법에 반하는 국가조치 또는 관습의 유지의 채택이 포함된다. 어떠한 견해에서든, 공동체법의 위반은 그 위반을 확정한 판결의 선고, 또는 당해 행위가 명백히 위반을 형성한 사안에 대한 사법재판소의 선결적 판결 또는 확립된 판례법에도 불구하고 그러한 위반이 지속된다면, 그것은 명백하게 충분히 중대한 것이 될 것이다.'

(3) 회원국에 대한 의무 위반과 침해받은 당사자가 입은 손해 간에 직접적 인과관계가 존재하여야 한다. 충분히 중대한 연합법 위반이 발생하였다는 것을 입증하는 것 이외에 하자(고의 또는 과실)를 입증할 필요는 없다.

Ⅱ. 법원의 연합법 위반책임

사법재판소는 책임결정에 대해 사법재판소에 의해 확립된 원칙들은 세 개의 중심권력의 마지막, 다시 말하면 사법부에도 또한 적용됨을 아주 명백히 하고 있다. 사법부의 판결은 현재 연속적인 상소단계에서 심사될 뿐만 아니라, 그것이 연합법을 무시하거나 위반하여 내려진다면, 회원국 관할법원에서 손해배상소송의 대상이 될 수 있다. 판결의 연합법 위반을 둘러싼 사실관계를 확정할 때, 이러한 유형의 소송은 또한 연합법의 실체와 관련되는 문제들을 재고하여야 한다. 그 과정에서 관련법원은 그 사건이 제기된 전문법원의 판결의 구속적 효력을 발동할 수 없을 뿐이다. 국가 관할법원이 연합규정들의 해석 및(또는) 유효성 그리고 또한 국가책임제도의 연합법과의 양립가능성의 문제를 제청해야 할 법원은 다시 사법재판소이다. 그들 문제는 선결적 판결절차에 따라 사법재판소에 제청될 수 있다(TFEU 제267조).

그러나, 판결을 통한 위반책임은 여전히 예외가 될 것이다. 부착된 엄격한 조건의 관점에서, 책임은 다음의 경우에만 고려될 수 있다. 즉, 법원이 고의로 연합법을 무시하거나 또는 Köbler사건에서처럼 최종심 법원이 연합법을 위반하여 그 판결과 관련된 연합법에 관한 상황을 명백히 하기 위하여 사법재판소에 미리 제청하지 않고 개인에게 손해가 되게 판결에 법적 구속력을 부여한 경우이다. 후자의 경우에, 최종심 법원에 의해 야기된 손해가 배상되어야 한다는 것은 연합법에 호소하는 연합시민들의 권리의 보호를 위해서는 대단히 중요하다.

제5장 전체 법질서와 관련한 연합법의 지위

우리는 지금까지 EU의 구조와 그 법체계를 배워왔지만, 연합법을 전체 법질서 가운데에서 위치를 올바로 정하며, 다른 법질서와의 경계를 설정하는 것은 쉬운 일이 아니다. 연합법을 분류하는 2가지 접근법은 시작부터 거부될 것이 틀림없다. 연합법은 국제협정의 단순한 집합으로 생각되어서는 안되며, 또한 국가법제도의 일부나 부속물로 간주될 수도 없다.

제1절 EU법질서의 자율성

연합의 설립으로 회원국들은 입법고권을 제한하게 되었으며, 그렇게 함으로써 회원국들, 시민들과 법원들에 대해 구속력을 갖는 자족적인 법기구를 창설하였다.

1964년의 Costa v ENEL사건은 사법재판소가 심리한 가장 유명한 사건들 중의 하나인데, 동 사건에서 코스타 씨(Mr Costa)는 전력 생산 및 배분의 국유화와 이전 전력회사들의 사업을 신설한 공기업인 ENEL에 부여한 것을 다투는 소송을 제기하였다.

EU법질서의 자율성은 EU의 특성상 근본적으로 중요하다. 왜냐하면, 그것이 국가법과의 상호작용에 의해 연합법을 희석되지 않게 하는, 그리고 연합법이 연합 전체에 통일적으로 적용되게 하는 유일한 보장책이기 때문이다. 이것이 연합법 개념이 대체로 EU법질서와 EU의 목적의 관점에서 해석되는 이유이다. 연합 특유의 이러한 해석은 필요불가결하다. 왜냐하면, 특정한 권리들은 연합법에 의해 보장되는데, 연합법이 없다면 각 회원국은 규정들을 달리 해석함으로써 연합법이 보장하려고 한 자유의 실체에 대해 개별적으로 결정할 수 있으므로 그들 권리가 위태로워질 수 있기 때문이다. 이동의 자유의 개념 범위가 기초하고 있는 '노동자' 개념이 한 예이다. 연합 특유의 노동자 개념은 회원국 법질서에서 알려지고 적용되는 개념들과는 매우 다를 수 있다. 더구나, 연합법규범들을 판단하는 유일한 기준은 국가법이나 헌법이 아니라 연합법 자신이다.

EU법질서의 자율성이라는 이러한 개념의 배경에 대하여, 연합법과 국가법 간의 관계는 무엇일까?

연합법이 회원국들의 법질서와 관련하여 자족적인 법질서를 형성한다고 할지라도, EU법질서와 회원국들의 법제도가 암반층처럼 서로 겹치는 것으로 간주되어서는 안된다. 우선, 그것들이 한 국가의 국민이자 동시에 EU의 시민이 되는 동일인에게 적용될 수 있다는 사실은 이들 법질서의 엄격한 구분을 부정한다. 다음으로, 그러한 접근법은 연합법이 회원국법질서의 일부를 형성할 때에만 작동될 수 있다는 사실을 무시한다. EU법질서와 국가법질서는 서로 맞물리고 상호의존적이라는 것이 진실이다.

제2절 연합법과 국가법 간의 상호작용

연합법과 국가법 간의 관계의 이러한 측면은 두 제도가 서로 보완적인 두 영역을 포함한다. TEU 제4조 제3항은 충분히 명확하다.

> '성실협력의 원칙에 따라서, 연합과 회원국들은 완전히 상호 존중하여 조약에서 생기는 임무들을 수행함에 있어서 서로 지원한다. 회원국들은 조약에서 생기는 또는 연합기관들의 행위에서 기인하는 의무의 이행을 보장하기 위하여 일반적이거나 특별한 적절한 조치를 취하여야 한다. 회원국들은 연합의 임무 달성을 촉진하여야 하고, 연합의 목적 달성을 위태롭게 할 수 있는 조치를 자제하여야 한다.'

이러한 성실협력의 일반원칙은 EU법질서 홀로는 EU의 설립에 의해 추구된 목적들을 완전하게 달성할 수 없다는 인식에 의해 고취되었다. 국가법질서와 달리 EU법질서는 자급자족적인 제도가 아니라, 그 작동을 위하여 국가제도의 지원에 의존한다. 따라서 정부의 3부 - 입법부, 집행부와 사법부 - 는 EU법질서는 '외국'제도가 아니라는 점, 그리고 회원국들과 연합기관들은 그들의 공동목적을 달성하기 위하여 그 자신들 간에 확고부동한 관계를 수립하였다는 점을 인정할 필요가 있다. EU는 이익공동체가 아니라, 연대에 기초한 공동체이다. 그에 따라 국가기관들은 연합조약과 2차법을 준수할 것이 요구될 뿐만 아니라, 또한 그것들을 실시하고 활성화시켜야 한다. 두 제도 간의 상호작용은 매우 다양한 측면을 가지고 있어서 몇 가지 사례가 요구된다.

EU법질서와 국가법질서가 어떻게 맞물리고 서로 보완되는가의 첫 번째 실례는 입법에 관한 장에서 이미 살펴본 지침이다. 지침 자체가 구속적으로 결정하는 모든 것은 회원국에 의해 달성되는 결과이다. 즉, 국가기관들이 국내법을 통하여 어떻게 그리고 무슨 수단에 의하여 그 결과를 실제로 낳게 할 것인지를 결정한다. 사법영역에서 두 제도들은 TFEU 제267조에서 규정된 선결적 판결절차를 통하여 맞물린다. 국가법원은 그 절차에 의해 연합법의 해석과 유효성에 관한 문제를 사법재판소에 제청할 수 있고 때로는 제청하여야 하는 경우에, 사법재판소의 판결이 그 분쟁의 해결에 있어서 결정적이 되는 것은 당연하다. 두 가지 점이 명백하다. 첫째로, 회원국들의 법원은 연합법을 준수하고 적용할 것이 요구된다는 점이다. 둘째로, 연합법의 해석과 그 유효성에 관한 선언들은 사법재판소의 독점적 영역이다. EU법과 국가법의 상호의존성은 EU법의 공백이 채워질 필요가 있을 때 발생하는 것에 의해 설명된다. 즉, 연합법은 그 자신이 결정하는 규정들을 완성하기 위하여 현행 국가법규정을 다시 참조한다. 이러한 원칙은 연합법이 그 자신의 집행규정들을 제정하지 않았다면, 모든 범위의 연합법상의 의무에 대해 적용한다. 그러한 경우에, 국가기관들은 그들 자신의 법제도의 규정에 의해 연합법을 집행한다. 그러나, 그 원칙에는 하나의 단서가 붙는다. 즉, 연합법의 통일적인 적용은 유지되어야 한다는 점이다. 왜냐하면, 시민들과 기업들이 서로 다른 기준에 의해 판단되고, 따라서 불공정하게 취급받는 것은 전적으로 받아들일 수 없기 때문이다.

2004. 3. 1.
한 여성이 2007년 1월 1일에서 바라본 유럽의 지도를 분필로 그리고 있다.

제3절 연합법과 국가법 간의 갈등

그러나, 연합법과 국가법 간의 관계는 또한 연합법질서와 국가법질서들 간의 우발적인 '충돌' 또는 갈등으로 특징지울 수 있다. 연합법 규정내용이 국가법규정과 충돌하지만, 연합법규정이 직접 연합시민들에 대해 권리를 부여하고 의무를 부과할 때, 그러한 상황이 언제나 발생한다. EU의 건설에 가로놓인 두 가지의 근본적인 질문들이 이처럼 외관상 단순해 보이는 문제영역의 이면에 감추어져 있어서, 그에 대한 답변들은 EU법질서－즉, 연합법의 직접 적용가능성과 충돌하는 국가법에 대한 EU법 우위－의 존재에 대한 리트머스 시험이 될 운명이었다.

Ⅰ. 국가법에 대한 연합법의 직접 적용가능성

첫째로, 직접 적용가능성 원칙은 연합법이 연합기관과 회원국들에 대해서뿐만 아니라 연합시민들에게도 직접 권리를 부여하고, 의무를 부과한다는 것을 단순히 의미한다.

사법재판소의 훌륭한 업적 중의 하나는 사법재판소가 몇몇 회원국들의 초기 저항에도 불구하고 연합법의 직접 적용가능성을 실시하여, EU법질서의 존재를 보장한 점이다. 이에 관한 사법재판소의 판례법은 이미 언급한 사건, 즉 네덜란드 운송회사인 판 헨트 앤 로스(Van Gend & Loos)사건으로 시작되었다. 이 회사는 네덜란드 관세당국을 상대로 네덜란드 법원에 소를 제기하였다. 네덜란드 관세당국은 독일로부터 수입한 화학제품에 대해 인상된 관세를 부과하였었다. 최종검토에서, 이들 소송의 결과는 개인도 또한 특히 회원국들에 의한 새로운 관세의 도입과 공동시장에서의 현행 관세의 인상을 금지하는 EEC조약 제12조를 주장할 수 있는지의 문제에 달렸다. 다수의 정부와 법무관(Advocate General)의 조언에도 불구하고, 사법재판소는 연합의 성질 및 목적의 관점에서 연합법규정들은 모든 사건들에서 직접 적용가능하다고 판결하였다. 그 판결의 논거에서 사법재판소는 다음과 같이 판시하였다.

> '…공동체는 새로운 법질서를 형성한다 … 공동체의 주체에는 회원국들뿐만 아니라 그 국민들도 포함된다. 회원국들의 입법과는 별개로, 공동체법은 개인들에 대해 의무를 부과할 뿐만 아니라 또한 권리도 부여하는 취지이다. 이들 권리는 조약에 의해 명시적으로 부여된 경우뿐만 아니라, 조약이 회원국들 및 공동체기관과 개인들에 대해서도 명확하게 부과하는 의무를 이유로 하여서도 발생한다.'

그러나, 이러한 대담한 선언은 연합법규정이 직접 적용가능한가에 대한 문제가 여전히 남아 있기 때문에 많은 진전을 가져다 주지 않는다. 사법재판소는 우선 1차 연합법과 관련하여 이 문제를 검토하였으며, 개인들은 다음과 같은 연합조약의 모든 규정들에 직접적으로 적용될 수 있다고 선언하였다. (i) 절대적 조건을 규정하고, (ii) 그 자체로 완전하고 법적으로 자족적이며, 따라서 (iii) 준수되거나 또는 법적 효력을 얻기 위하여 회원국들이나 또는 연합기관들 입장에서 더 이상의 행위를 요구하지 않는다.

사법재판소는 구 EEC 제12조가 이 기준을 충족하며, 따라서 판 헨트 앤 로스(Van Gend & Loos) 회사도 또한 그 조항으로부터 권리를 도출할 수 있고, 네덜란드 법원은 조약을 위반하여 부과된 관세를 무효화시킴으로써 그 권리를 보장할 의무가 있었다고 판결하였다. 그 후, 사법재판소는 제12조보다 연합시민들에게는 훨씬 더 중요한 EEC조약의 다른 규정들과 관련하여 이러한 논리를 계속해서 적용하였다. 여기서 특별히 주목할 만한 판결들은 이동의 자유(TFEU 제45조), 설립의 자유(TFEU 제49조)와 서비스를 제공할 자유(TFEU 제56조)에 관한 규정들의 직접 적용가능성과 관련된 것이다.

이동의 자유에 관한 보장과 관련하여, 사법재판소는 Van Duyn사건에서 직접 적용가능하다고 선언하는 판결을 내렸다. 이 사건의 사실관계는 다음과 같았다. 네덜란드인인 Miss van Duyn은 1973년 5월에 영국 입국이 거부되었다. 그녀는 영국 내무부(Home Office)에 의해 '사회적으로 유해'(socially harmful)하다고 간주된 조직인 사이언톨로지교회에서 비서로 취업하기 위해 입국하고자 하였다. Miss van Duyn은 노동자의 이동의 자유에 관한 연합규정을 주장하며, 자기는 취업을 위하여 영국에 거주할 자격이 있으며 영국 입국허가가 주어져야 한다는 판결을 구하는 소송을 영국 대법원(High Court)에 제기하였다. 대법원이 제청한 문제에 대한 답변에서 사법재판소는 EEC조약 제48조(TFEU 제45조)는 직접 적용가능하며, 따라서 회원국법원들에서 실행가능한 권리를 개인들에게 부여하였다고 판결하였다.

사법재판소는 벨기에 국사원(Conseil d'État)에 의해 설립의 자유를 보장하는 규정의 직접 적용가능성에 관한 판결을 제청받았다. 국사원은 네덜란드 변호사인 J. Reyners가 EEC조약 제52조(TFEU 제

49조)에서 나오는 권리를 주장하여 제기한 소송에 대해 판결을 하여야 했다. Mr Reyners는 벨기에의 필요한 시험을 통과하였음에도 불구하고 외국인을 이유로 벨기에에서의 법률 전문직 허가가 거부되고 나서 소송을 제기하여야 한다고 생각하였다. 1974년 7월 21일의 판결에서 사법재판소는 설립에 관한 국민과 외국인의 불평등한 대우는 더 이상 유지될 수 없다고 판시하였다. 왜냐하면, 사법재판소는 EEC조약 제52조는 이행기간이 종료한 이후 직접 적용가능하였고, 따라서 연합시민들이 그 국가의 국민과 동일하게 다른 회원국에서의 수익적 직업을 선택하여 종사할 자격을 부여하였다고 보았기 때문이다. 이 판결의 결과로, Mr Reyners는 벨기에에서의 법률 전문직이 허가되어야 했다.

사법재판소는 Van Binsbergen사건에서 서비스를 제공할 자유와 관련되는 조항들의 직접 적용가능성을 구체적으로 확립할 기회를 가졌다. 이들 소송은 그 중에서도 특히 상시적으로 네덜란드에 거주하는 사람들만이 상소법원의 법적 대리인으로서 활동할 수 있다는 취지의 네덜란드 법조항은 서비스를 제공할 자유에 관한 연합규정들과 양립가능한지의 문제를 포함하였다. 사법재판소는 연합시민들은 자신의 국적이나 거주지를 이유로 적용되는 모든 제한은 EEC조약 제59조(TFEU 제56조)를 위반하며 따라서 무효라고 하는 논거에서, 양립할 수 없다고 판결하였다.

물품의 자유로운 이동(TFEU 제41조), 남녀 동등임금의 원칙(TFEU 제157조), 일반적 차별금지(TFEU 제25조)와 경쟁의 자유(TFEU 제101조)에 관한 조항의 직접 적용가능성의 인정이 또한 실제적 의미에서 상당히 중요하다. 2차법에 관하여, 개인들에게 발하여진 규칙 및 결정이 이미 연합조약들(TFEU 제288조 제2항과 제4항)로부터 직접 적용가능성을 도출한다는 점을 고려하면, 직접 적용가능성의 문제는 회원국들에게 발하여진 지침 및 결정과 관련하여 발생한다. 1970년 이래 사법재판소는 직접 적용가능성에 관한 원칙들을 회원국들에게 발하여진 지침 및 결정의 규정들에까지 확장시켜왔다.

사법재판소에 의해 발전되고 결실을 맺은 연합법의 직접효력의 실제적 중요성은 아무리 강조해도 지나칠 수 없다. 그것은 공동시장의 자유를 국가법원에서 실행될 수 있는 권리로 전환시킴으로써 개인의 지위를 향상시킨다. 따라서 연합법의 직접효력은 말하자면 EU 법질서의 기둥들 중의 하나이다.

Ⅱ. 국가법에 대한 연합법의 우위

연합법규정의 직접 적용가능성은 두 번째이자 마찬가지로 근본적인 질문을 낳는다. 즉, 연합법규정이 연합시민들에게 직접 권리와 의무를 낳고, 그에 의해 국가법규정과 충돌한다면 어떻게 될까?

연합법과 국가법 간의 그러한 충돌은 한편이 다른 한편에 대해 양보할 때에만 해결될 수 있다. 연합입법은 그 문제에 대한 명시적인 규정을 포함하고 있지 않다. 연합조약들 어느 것에도 예컨대, 연합법은 국가법에 우위라거나 열위라는 것을 기술하고 있는 조항이 포함되어 있지 않다. 그럼에도 불구하고, 연합법과 국가법 간의 갈등을 해결하는 유일한 방법은 연합법에 우위성을 부여하고, 연합규정으로부터 파생되어 국가법질서에서 자리를 잡은 모든 국가법규정들에 대한 우월을 허용하는 것이다. 어찌 되었건, 연합법이 국가법에 종속된다면 EU법질서에 가치있는 것은 거의 남아있지 않을 것이다. 연합규정들은 국가법에 의해 무효로 될 수도 있다. 모든 회원국들에서 연합법의 통일적이며 평등한 적용의 문제가 더 이상 없을 수도 있다. 또한 EU는 회원국들에 의해 위탁된 임무를 수행할 수도 없을 것이다. 연합의 활동능력은 위태롭게 될 것이고, 그렇게 많은 사람들의 희망이 걸려 있는 통일유럽의 건설은 결코 달성될 수 없을 것이다.

국제법과 국가법 간의 관계에 대해서는 그와 같은 문제가 존재하지 않는다. 국제법은 통합법이나 국내법화에 의해 흡수되기 까지는 국가 자신의 법질서의 일부가 되지 않는다는 점을 고려하면, 우위의 문제는 국가법만을 근거로 하여 결정된다. 국가법제도에 의해 국제법에 부여된 우선순위에 따라서, 국제법은 헌법에 대해서 우위를 차지할 수 있고, 헌법과 일반 제정법 사이에 랭크될 수도 있으며, 또는 단지 제정법과 동일한 지위를 가질 수도 있다. 통합되거나 국내법화된 국제법과 국가법 간의 관계는 가장 최근에 시행된 법규정이 이전의 법규정에 대해 우월하다는 원칙을 적용함으로써 결정된다(신법은 구법에 우선한다〈lex posterior derogat legi priori〉). 그러나, 연합법은 국가법질서의 일부를 형성하지 않기 때문에, 법률의 갈등에 관한 이들 국가규정들은 연합법과 국가법 간의 관계에 적용되지 않는다. 연합법과 국가법 간의 충돌은 EU법질서를 기초로 하여 해결될 수 있을 뿐이다.

이러한 의미에서, EU법질서의 존재에 본질적인 연합법 우위의 원칙을 확립하는 것 – 몇몇 회원국들의 반대에도 불구하고 – 이 다시

한 번 사법재판소의 임무가 되었다. 그렇게 해서, 사법재판소는 직접 적용가능성과 함께 EU법질서의 두 번째 기둥을 세웠으며, 그 법질서는 마침내 튼튼한 건조물로 바뀌게 되었다.

Costa v ENEL 사건에서, 사법재판소는 연합법과 국가법 간의 관계에 대해 두 가지 중요한 의견을 제시하였다.

- 회원국들은 주권적 권리를 그들에 의해 창설된 공동체에 확실하게 이전하였으며, 그 후의 일방적 조치는 EU법 개념과 일치하지 않는다.

- 어떠한 회원국도 EU 전체에 통일적이며 일반적으로 적용가능한 제도로서의 EU법의 지위에 의문을 제기할 수 없다는 것은 조약의 원칙이다.

이로부터 조약들에서 규정된 권한에 따라서 시행된 연합법은 충돌되는 회원국법에 대해 우위를 가지게 된다. 연합법은 보다 이른 시기에 제정된 국가법보다 강력할 뿐만 아니라, 그 후에 채택된 법률에 대해서도 제한하는 효력을 가진다.

궁극적으로, 사법재판소는 그 판결에서 이탈리아 전력산업의 국유화에 대해 의문을 제기하지 않았으며, 국가법에 대한 연합법의 우위를 매우 강조하여 수립하였다.

이러한 우위 원칙의 법적인 결과에 따라, 법률의 충돌이 발생할 경우에 연합법과 충돌하는 국가법은 적용이 중지되고, 어떠한 새로운 국가입법도 그것이 연합법과 양립할 수 없다면 도입될 수 없다.

사법재판소는 이후로 일관되게 이 판결을 지지하였으며, 사실 한 가지 측면에서 그것을 더욱 발전시켰다. 코스타(Costa)판결은 일반 국가법률에 대한 연합법의 우위의 문제에만 관련된 것인 반면, 사법재판소는 연합법과 국가헌법 간의 관계에 대해서도 또한 우위의 원칙을 확인하였다. 처음에는 주저하였지만, 국가법원들도 원칙적으로 사법재판소의 해석을 수용하였다. 네덜란드에서는 국가실정법에 대한 조약의 우위가 헌법(제65조부터 제67조까지)에 명시적으로 규정되어 있기 때문에 아무런 어려움도 일어날 수 없었다. 다른 회원국들에서도 국가법에 대한 연합법 우위의 원칙이 마찬가지로 국가법원에 의해 인정되었다. 그러나, 독일과 이탈리아의 헌법재판소는 처음에 국가헌법, 특히 기본권의 보호·보장과 관련하여 연합법의 우위를 수용할 것을 거부하였다. 이들 헌법재판소는 EU법질서에서의 기본권의 보호가 그들 국가헌법상의 그것과 본질적으로 상응한 기준에 이른 후에야 반대를 철회하였다. 그러나, 독일연방헌법재판소는 마스트리히트조약과 보다 최근에는 리스본조약에 관한 판결에서 매우 명확히 하였던 것과 같이, 보다 강화된 통합에 대해 계속해서 의구심을 품고 있다.

Ⅲ. 연합법에 따른 국가법의 해석

우위 원칙의 적용으로 발생하는 연합법과 국가법 간의 갈등을 방지하기 위하여, 법을 구체적으로 집행하거나 그에 따라 규율하는 모든 국가기관들은 연합법에 따른 국가법의 해석을 이용할 수 있다.

EU법에 따른 해석의 개념이 사법재판소에 의해 인정되고 연합법질서로 통합되기까지는 상당히 오랜 시간이 걸렸다. 사법재판소는 처음에 국가법원이 그렇게 요청할 때에만 국가법은 지침과의 일치를 보장하는 것이 적절하다고 간주하였으나, 1984년 Von Colson과 Kamann 사건에서 최초로 지침에 따라서 국가법을 해석할 의무를 수립하였다. 이 사건은 취업기회에 관하여 여성에 대한 차별을 이유로 재정된 보상액에 관한 판결이었다. 독일의 관련법규정은 'Vertrauensschaden'(정당한 기대에 대한 헛된 신뢰)에 대한 보상만을 규정하고 있었던 반면, 지침(Directive 76/207/EEC)은 취업에의 접근과 관련하여 동등한 기회가 제공될 것을 보장하기 위하여 국가법은 효과적인 벌칙을 규정하여야 한다고 기술하고 있다. 그러나, 관련벌칙은 보다 자세하게 규정되지 않았기 때문에, 지침은 이 점에 관해 직접 적용가능한 것으로 간주될 수 없었다. 사법재판소는 비록 국가법이 연합법을 준수하지 않았다고 할지라도 국가법원이 그 국가법을 참조하지 않을 근거가 없다고 판결하여야 할 위험(risk)이 있었다. 따라서, 사법재판소는 국가법원이 성을 이유로 하는 차별에 대한 효과적인 벌칙이라는 식으로 민사문제에서의 국가입법을 해석하고 적용하여야 한다고 판결하였다. 순전히 상징적인 보상으로는 지침의 효과적인 적용의 요건을 충족하지 못할 것이다.

사법재판소는 연합법에 따른 국가법의 해석에 대한 법적 근거를 일반적인 성실협력의 원칙(TEU 제4조 제3항)에서 구한다. 이 조항에 따라서, 회원국들은 EU조약에서 발생하거나 연합기관들이 취한 행위로부터 기인하는 의무의 이행을 보장하기 위하여, 일반적인 것이든 개별적인 것이든 모든 적절한 조치를 취하여야 한다. 따라서, 국가기관들도 또한 연합법에 대해 이차적인 국가법의 해석과 적용을 연합법의 법문과 목적에 일치시킬 의무가 있다(협력의 의무). 국가법원들에 대해서 이것은 그들이 공동체법의 올바른 적용과 준수를 보장한다는 의미에서 유럽법원으로서의 그들 역할에 반영된다.

연합법에 따른 국가법 해석의 하나의 특별한 형식은 지침에 따른 해석이다. 그에 따라서, 회원국들은 지침을 실시할 의무가 있다. 변호사와 법원은 그들의 회원국들이 지침에 따른 해석의 원칙을 적용함으로써 완전히 이러한 의무를 충족할 것을 도와야 한다. 지침에 따른 국가법의 해석은 법이 적용되는 차원에서 지침과의 일치를 보장하고, 따라서 국가집행법률이 모든 회원국들에서 통일적으로 해석되고 적용될 것을 보장한다. 이것은 지침에 의해 연합차원에서 조화가 이루어진 사안들이 국가차원에서 다르게 되는 것을 방지한다.

공동체법에 따른 국가법 해석의 한계는 해석의 여지가 없는 국가법의 명확한 법문에 있다. 즉, 연합법에 따라 국가법을 해석해야 할 공동체법상의 의무가 있다고 할지라도, 국가법은 '반문언적으로'(contra legem) 해석될 수 없다. 이것은 또한 국가입법자가 명시적으로 지침을 국가법화할 것을 거부하는 경우에 적용된다. 연합법과 국가법 간의 갈등은 조약상의 의무를 이행하지 않은 데 대해 관련 회원국을 상대로 하는 소송에 의해서만 해결될 수 있다(TFEU 제258조와 제259조).

1964. 9. 27, 브뤼셀.
유럽 번호판으로 보이는 차가 건축중인 장래의 유럽위원회
본부 건물인 '주와이외즈 앙트레' 앞에
주차해 있다.

제6장 결어

EU법질서의 전면도는 어떤 것으로 나타날까?

EU의 법질서는 연합의 진정한 기초이며, 운영할 공통법제도를 연합에게 부여한다. 새로운 법을 제정하고 그것을 지지함으로써만 연합의 기초를 이루는 목적들은 달성될 수 있다. EU법질서는 이러한 측면에서 이미 많은 것을 성취하였다. 적지 않게 이러한 새로운 법질서의 덕분으로, 크게 개방된 국경선, 재화와 서비스의 실질적인 무역, 노동자들의 이주와 기업들 간의 다수의 초국가적 연계는 이미 공동시장을 약 5억 인구의 일상생활의 일부로 만들었다. 연합법질서의 역사적으로 중요한 또 다른 특징은 평화유지적 역할이다. 평화와 자유를 유지하는 그 목적과 더불어, 연합법질서는 개인과 회원국들 모두를 단일 공동체로 묶는 법의 지배에 의하여 분쟁을 해결함으로써 무력을 대체한다. 결과적으로 연합법질서는 평화의 유지와 창조를 위한 중요한 도구이다.

EU의 법과 그에 근저하는 법질서의 공동체는 연합법질서와의 일치 및 그 보호가 두 개의 주춧돌, 즉 연합법의 직접 적용가능성과 국가법에 대한 연합법의 우위에 의해 보장되는 경우에만 존속될 수 있다. 그 존재와 유지가 사법재판소에 의해 단호하게 지지되고 있는 이들 두 가지 원칙은 모든 회원국들에 있어서 연합법의 통일적이고 우선적인 적용을 보장한다.

그 불완전함에도 불구하고, EU법질서는 연합 회원국들의 정치, 경제 및 사회문제의 해결을 위해 헤아릴 수 없이 소중한 기여를 하고 있다.

부록

판례

연합법의 성질 및 우위

Case 26/62 Van Gend & Loos [1963] ECR 1(연합법의 성질; 개인의 권리와 의무).

Case 6/64 Costa v ENEL [1964] ECR 1251 (연합법의 성질; 연합법의 직접 적용가능성, 우위).

Case 14/83 Von Colson and Kamann [1984] ECR 1891 (연합법에 따른 국가법의 해석).

Case C-213/89 Factortame [1990] ECR I-2433 (연합법의 직접 적용가능성과 우위).

Joined Cases C-6/90 and C-9/90 Francovich and others [1991] ECR I-5357 (연합법의 효과; 연합의무를 면제하지 못한데 대한 회원국의 책임; 지침의 미(未)국내법화).

Joined Cases C-46/93 and C-48/93 Brasserie du pêcheur and Factortame [1996] ECR I-1029 (연합법의 효과; 연합의무 불면제에 대한 회원국들의 일반책임).

Joined Cases C-10/97 to C-22/97 IN.CO.GE '90 [1998] ECR I-6307 (연합법의 우위).

Case C-416/00 Morellato [2003] ECR I-9343 (연합법의 우위).

Joined Cases C-397/01 to C-403/01 Pfeiffer and others [2004] ECR I-8835 (연합법에 따른 국가법의 해석).

Case 8/55 Federation charbonniere de Belgique [1954 - 956] ECR 292 (묵시적 권한; 공식 가격책정).

Case 22/70 AETR [1971] ECR 263 (EU의 법인격과 조약체결권한).

Case 6/76 Kramer [1976] ECR 1279 (대외관계; 국제협정; EU의 권한).

Opinion 1/91 [1993] ECR I-6079 (EEA협정 I; 권력의 분산).

Opinion 2/91 [1993] ECR I-1061 (EU와 회원국들 간의 권력의 분산).

Opinion 1/94 [1994] ECR I-5267 (WTO 협정; 권력의 분산).

Opinion 2/94 [1996] ECR I-1759 (EC에 의한 ECHR에의 가입; 권력의 공백).

법행위의 효과

Case 2/74 Reyners [1974] ECR 631 (직접 적용가능성; 설립의 자유).

Case 33/74 van Binsbergen [1974] ECR 1299 (직접 적용가능성; 서비스의 제공).

Case 41/74 Van Duyn [1974] ECR 1337 (직접 적용가능성; 이동의 자유).

Case 11/77 Patrick [1977] ECR 1199 (직접 적용가능성; 설립의 권리).

Case 70/83 Kloppenburg [1984] ECR 1075 (지침; 직접 적용가능성).

Case 152/84 Marshall [1986] ECR 723 (지침; 직접 적용가능성).

Case 103/88 Costanzo [1989] ECR 1861 (지침; 직접 적용가능성; 조건; 결과).

Case 322/88 Grimaldi [1989] ECR 4407 (권고; 직접 적용가능성 또는 그 공백; 국가법원에 의한 준수).

Case C-188/89 Forster [1990] ECR I-3343(지침; 수평적 직접효력).

Case C-292/89 Antonissen [1991] ECR I-773 (이사회 의사록의 진술; 해석 목적을 위한 지위).

Case C-91/92 Faccini Dori [1994] ECR I-3325 (지침; 수평적 직접효력).

Case C-431/92 Commission v Germany(Grosskotzenburg) [1995] ECR I-2189(지침; 객관법의 효력).

Case C-465/93 Atlanta Fruchthandelsgesellschaft [1995] ECR I-3761 (규칙의 유효성 심사; 선결적 판결; 임시조치의 명령; 조건).

Case C-469/93 Chiquita Italia [1995] ECR I-4533 (GATT 및 Lomé협약규정의 직접효력).

Case C-368/96 Generics [1998] ECR I-7967 (의사록의 진술; 해석목적의 지위).

Case C-144/01 Mangold [2005] ECR I-9981 (지침; 수평적 직접효력).

기본권

Case 29/69 Stauder [1969] ECR 419(기본권; 법의 일반원칙).

Case 11/70 Internationale Handelsgesellschaft [1970] ECR 1125(기본권; 법의 일반원칙).

Cases 146/73 and 166/73 Rheinmuhlen I, II [1974] ECR 33 and 139 (국가법원이 상급법원의 판결에 의해 구속받는 정도).

Case 4/73 Nold [1974] ECR 491 (기본권; 법의 일반원칙; 공통헌법관습).

Case 175/73 Amalgamated European Public Service Union [1974] ECR 917 (단체를 결성할 자유).

Case 130/75 Prais [1976] ECR 1589 (종교와 신념의 자유).

Case 149/77 Defrenne [1978] ECR 1381(기본권; 법의 일반원칙).

Case 44/79 Hauer [1979] ECR 3727(기본권; 재산권).

Case 85/79 Hoffmann-La Roche [1979] ECR 461 (기본권; 의견을 반영시킬 권리의 원칙).

Case 293/83 Gravier [1985] ECR 593(평등대우; 학비).

Case 234/85 Keller [1986] ECR 2897(무역이나 전문직을 수행할 자유).

Joined Cases 46/87 and 227/88 Hoechst [1989] ECR 2919 (기본권; 의견을 반영시킬 권리의 원칙; 행정절차; 가정의 불가침성; ECHR에 대한 참조).

Case 265/87 Schräder [1989] ECR 2263(소유권; 무역이나 전문직을 수행할 자유; 제한).

Case 5/88 Wachauf [1989] ECR 2633(기본권에 대한 제한).

Case C-219/91 Ter Voort [1992] ECR I-5485 (표현의 자유).

Case C-97/91 Borelli [1992] ECR I-6313(기본권; 법원에 소송을 제기할 권리).

Case C-357/89 Raulin [1992] ECR I-1027 (평등대우; 국적을 근거로 하는 차별의 금지).

Case C-132/91 Katsikas [1992] ECR I-6577 (기본권; 무역이나 전문직을 수행할 자유).

Case C-2/92 Bostock [1994] ECR I-955 (기본권; 소유권; 무역이나 전문직을 수행할 자유; EU법을 시행할 때 준수).

Case C-280/93 Germany v Council [1994] ECR I-5065 (소유권; 무역이나 전문직을 수행할 자유; 공익에서의 제한).

Case C-415/93 Bosman and others[1995] ECR I-4921 (기본권; 무역이나 전문직을 수행할 자유).

Case C-55/94 Gebhard [1995] ECR I-4165 (기본권; 설립의 자유; 무역이나 전문직을 수행할 자유).

Opinion 2/94 [1996] ECR I-1759 (기본권들; EU의 ECHR 가입).

Case C-377/98 Netherlands v Parliament and Council [2001] ECR I-7079 (인간의 존엄; 신체적 완결성에 대한 권리).

Case C-274/99 P, Connolly [2001] ECR I-1611 (의견의 자유).

Case C-60/00 Carpenter [2002] ECR I-6279 (가족의 보호).

Case C-112/00 Schmidberger [2003] ECR I-5659 (공동체 기본권의 범위; 결사의 자유와 의견의 자유).

Case C-276/01 Steffensen [2003] ECR I-3735 (효과적인 법적 보호에 대한 권리).

Case C-25/02 Rinke [2003] ECR I-8349 (평등의 일반원칙).

Case C-36/02 Omega [2004] ECR I-9609 (기본권의 범위).

법의 일반원칙

(발췌)

법적 확실성

Joined Cases 18/65 and 35/65 Gutmann [1967] ECR 61.

Case 98/78 Racke [1979] ECR 69.

Case 96/78 Decker [1979] ECR 101.

Case 61/79 Denkavit [1980] ECR 1205.

Cases 66/79, 127/79 and 128/79 Salumi [1980] ECR 1237.

Case 70/83 Kloppenburg [1984] ECR 1075.

Joined Cases T-551/93 and T-231/94 to T-234/94 Industrias Pesqueras Campos and Others [1996] ECR II-247.

Joined Cases T-116/01 and T-118/01 P & O European Ferries (Vizcaya) v Commission [2003] ECR II-2957.

비례성

Case 116/76 Granaria [1977] ECR 1247.

Case 265/87 Schräder [1989] ECR 2237.

Case C-161/96 Südzucker [1998] ECR I-281.

Case C-171/03 Toeters [2004] ECR I-10945.

정당한 기대의 보호

Case 74/74 CNTA [1975] ECR 533.

Case 120/86 Mulder [1988] ECR 2321.

Case 170/86 Von Deetzen [1988] ECR 2355.

Case C-368/89 Crispoltoni I [1991] ECR I-3695.

Case T-119/95 Hauer [1998] ECR II-2713.

보충성 원칙

Case T-29/92 SPO [1995] ECR II-289.

Case C-84/94 United Kingdom v Council [1996] ECR I-5755.

Joined Cases C-36/97 and C-37/97 Kellinhusen and Ketelsen [1998] ECR I-6337.

Case C-491/01 British American Tobacco(Investments) and Imperial Tobacco [2002] ECR I-11453.

연합시민권

Case C-85/96 Martínez Sala [1998] ECR I-2691.

Case C-184/99 Grzelczyk [2001] ECR I-6193.

Case C-224/98 d'Hoop [2002] ECR I-6191.

Case C-413/99 Baumbast [2002] ECR I-7091.

Case C-403/03 Schempp [2005] ECR I-6421.

■ 저자

클라우스-디터 보카르트 Klaus-Dieter Borchardt

1987년부터 유럽연합 근무
2004년부터 2010년까지 농업담당 위원의 차석 및 수석 보좌관
뷔르쯔부르크대학교 명예교수, 동 대학에서 2001년부터 유럽법 담당

■ 역자

함인선

고려대학교 법과대학 및 대학원 법학과 졸업
일본 와세다(早稻田)대학 법학연구과 수료(법학박사)
헌법재판소 헌법연구원
현재 전남대학교 법학전문대학원 교수

EU법 입문
The ABC of European Union law

인쇄 | 2014년 2월 10일
발행 | 2014년 2월 20일

저자 | Klaus-Dieter Borchardt
역자 | 함인선
발행인 | 지병문
발행처 | 전남대학교출판부

등록 | 1981. 5. 21. 제53호
주소 | 500-757 광주광역시 북구 용봉로 77
전화 | (062) 530-0571~2 마케팅 530-0573
팩스 | (062) 530-0579
홈페이지 | http://www.cnup.co.kr
이메일 | cnup0571@hanmail.net

값 13,000원

ISBN 978-89-6849-088-0 (93360)

이 도서의 국립중앙도서관 출판시도서목록(CIP)은
서지정보유통지원시스템 홈페이지(http://seoji.nl.go.kr)와
국가자료공동목록시스템(http://www.nl.go.kr/kolisnet)에서 이용하실 수 있습니다.
(CIP제어번호 : CIP2014007387)